玩出大自在的幸福人生

識性觀行

治心 著

九和九福 編輯整理

De Fu Publishing

網站: www.defupublishing.com

電郵: info@defupublishing.com

《玩出大自在的幸福人生——識性觀行》

(Playing a Happy Life with Great Freedom—
Understanding and Viewing)

作者:治心(Zhi Xin)

版權所有，翻印必究

繁體版紙本書國際書號 (ISBN):

978-1-922680- 00- 6

簡體版紙本書國際書號 (ISBN):

978-1-922680- 02- 0

繁體版電子書 EPUB 格式國際書號 (ISBN):

978-1-922680- 01- 3

簡體版電子書 EPUB 格式國際書號 (ISBN):

978-1-922680- 06- 8

繁體版電子書 MS Word 格式國際書號 (ISBN):

978-1-922680- 05- 1

編輯: 九和九福

設計: Liu-GT

出版: 德福出版社

2021年第1版

網站: www.defupublishing.com

電郵: info@defupublishing.com

本書是根據治心老師于2020年秋季在中國內地的一場為期三天的中國傳統文化公益講座的講課內容進行整理編輯而成的。治心老師在講座中分享了作為我們每一個普普通通的人，究竟應該如何做才能夠真正玩出大自在的幸福人生的奧秘，他分享的一切均來源於自身數十年修行的實踐，通過親身實踐在他身上已經證明是成功了的種種示現和諸多神奇，進而總結成非常清晰明白的道理並毫無保留地分享給大家，實乃無比殊勝之法緣！

這個奧秘不居廟堂之高，不處江湖之遠，而在我們每一個人身上。生命先天的大自在和圓滿智慧雖然人人本自具足，但曾幾何時由於後天錯誤的知見，而一念無明由覺入迷，由此演繹了悠悠萬世以來，人生的迷茫痛苦，家庭的悲歡離合，國家之間的矛盾爭鬥，以及人類當前面臨的種種危機。長此以往，人生想要幸福和解脫必將成為永遠無法企及的奢望！人類連只是想要活下去的最基本的訴求都可能被彼此對抗爭鬥、互不退讓的驅動模式摧毀得蕩然無存！因此這本書的推出，猶如茫茫黑夜中的一座燈塔，照亮了人生旅途中每一位孜孜求索者腳下的道路和前行的方向，並讓我們只要真正掌握了這本書中分享的運作生命的奧秘，就有希望如本書講的，只需三年的時間，便可洗刷我們的命運，便可重新找回本自具足的先天美好的一切，而無需三大阿僧祇劫！

為何？一切的關鍵就在於這個心法！經典裡面講用三千大千世界的七寶來行佈施，其功德都不如在某種心法狀態上的一念之能，所以有時候一念都能功德圓滿！正如六祖惠能大師講的：一念覺，眾生是佛；一念迷，佛是眾生。然而，包裹著我們每一個靈魂的錯誤知見、後天觀念、狹隘認知、小我執著，猶如層層霧障般何其厚重，讓我們似乎根本無法穿透它們從而瞥見真理的光芒和本然的自性，一念覺又談何容易？這要有多少年的修行基礎和捧捧打打做鋪墊才能最終換來這個"一念覺"啊？真正的明師和經典從來都是直指人心的，絕不會在事物紛繁的表像上和形式上繞圈子讓你隔靴搔癢，從而不知蹉跎了多少歲月也沒學到什麼東西，更談不上究竟解脫。治心老師的這本書反反復複強調的正是這個心法，借助書中興起的全然的智慧幫我們層層破迷一直破到最後，終能守得雲開見月明！而在終於明白了生命真相的那一刻，那是從萬世的禁錮中解脫出來後奮然發自心底的爽徹肺腑的大笑！

這本書只是治心老師九大課程系列當中的其中一個系列叫《九行運命》裡面的第一本叢書叫《玩出大自在的幸福人生——識性觀行》，告訴我們如何瞭解生命之性，即生命能量習氣及習慣性心智運作模式；觀察不同心智模式所投射出來的生命受用，並能看破其背後的成因。這只是治心老師所創立的龐大的課程系統和智慧體系當中的一個小小的分支和側面而已，我們九和九福教育將持續努力，將治心老師更多的講課內容陸續整理編輯成書以饗讀者。我們也真誠邀請每一個有緣看到這本書的人和我們一起，共同把中國善良的文化、無爭的智慧、包容的底蘊發揚光大，讓人與人之間、國家與國家之間不再爭爭鬥鬥而要互敬互愛互助合作，讓全人類整體快速提升覺醒，共同邁向美好的新紀元！

九和九福

觀行識性

命運作為一個擁有持久熱度的生命主題，一直被反復探討。人生這一趟旅程，有坦途，也有崎嶇；有鮮花，也有荊棘；有歡笑，也有淚水……伴隨著各種生命經歷與情緒感受的喜樂無常，總有那揮之不去的困惑縈繞於心，譬如那些過往的遺憾、現實的不滿、未來的忐忑。

我們嘗試著用各種方式逃離這些困惑與煩惱，並為此而付出了辛勤的努力，在某些領域也取得了一定的成果，帶來了些許的快樂，和那已然得到卻不知何時又悄然溜走了的幸福，生活裡更多的竟是人生的煩惱、痛苦、不解與迷茫。

可見，我們的人生並不能由我們自己說了算，生命背後一定有一種我們未知但卻存在的力量於無形中在左右著我們。就是說，我們不能主宰自己，卻反倒被外來力量所運作。這就是讓人捉摸不透的命運，它始終與自我如影隨形，讓人抗拒不得、逃脫不掉。

我們像小雞破殼一樣，一直試圖突圍，想找到一個突破口，並深入其中瞭解它的奧秘，但生命個體在宇宙中仿若微不足道的一粒極其渺小的微塵，要在這浩瀚的海洋中找到方向，那是何等渺茫的一種寄望。如果能有一個導航來直接指引，那將是多少靈魂最深處的渴望，又是多麼稀有難得的機緣。

一定是眾多生命那一聲聲來自心底的呼喚，感得一位自稱鄉土野夫，卻有著擁有博士、碩士學位的社會各界精英人士，年齡上至百歲老人、下至三尺孩童，以及眾多大學畢業生潛心跟隨學習的治心老師，由此出現在他們生命渴盼已久的人生遭逢、幸會、偶遇裡！

誰曾想，這樣一個人，竟于少年輟學浪跡江湖，打架鬥毆極盡淘氣搗蛋之能事，家中父母恨鐵不成鋼，因此總是挨打，常是遍體鱗傷。後奇遇先天道人點化，開始探尋生命奧秘和宇宙真理，為此避世隱居潛心修行數十年，痛改昨日之前非，不良習氣漸次消除，一心求證大道真理。

後於2013年因偶然機緣接觸傳統文化，其時應友人邀請，亦是使命使然，遂放棄隱居，開始講授《了凡四訓》、《心經》、《圓覺經》等優秀經典，後又應時人所需，結合自身實證和實修經驗講授《生命真相》、《禪修內觀》等將修行融入生活之系列課程。

請君細想，假如治心老師是一個知識份子，那似乎一切都是理所當然，不足為奇。而他作為一個連初中都不怎麼合格的原生態農家子弟，居然可以隨機妙解一切經典，吟詩作賦如囊中取物，從書法小白迅速自創眾人所見無不稱奇讚歎的雍容、華貴、莊嚴又不失童趣、歡喜、靈動之治心能量體，在生活中可處處隨手拈來、悲智雙運啟迪芸芸迷眾的智慧，用乾坤運作的無形力量培養了卓爾不群的人才，乃至用自己的生命演繹了天翻地覆的精彩和自莊嚴……

以上種種，如果你是有心的讀者，也許早就開始思考這一切背後的神奇，開始認真研究出現在你面前，來到你生命裡，捧在你手上的到底是一本什麼樣的書。或者也許你會因為你的悟性和素養，當下即刻懂得這意味著什麼，然後開始悉心琢磨書本上學來的知識和修行而來的智慧之間不可思不可議的差異是何其巨大。

是的！知識和智慧不可同日而語！智慧敢於超越法古，所以不落窠臼，甚至，沒有套路。

本書稱《識性觀行》，那識什麼性，觀什麼行？識性就是要瞭解生命之性，也即生命是一種什麼樣性質的存在，如何回到生命的本質層面看明白一切表像的內在運作規律，即各種生命能量背後的心智模式於外在的投射。

觀行就是觀不同心智模式所投射出來的生命受用，諸如開心、快樂、痛苦與憂傷等等不同的生命內在覺受與外在行為表現，並能通達破解其深層成因。

唯有瞭解了生命運作背後的規律與真相，才能更好地把握、運作和妙用自身內在的生命力來書寫豐富多彩的人生，綻放絢爛多姿的生命。

治心老師善用今人能夠理解的通俗語言講述經典無上微妙法，並重點強調這個"行"，從而希望更多人能掌握其精髓，並在生命中去真正實踐，自利利他，進而收穫生命最終極的幸福。

本書整理自老師授課錄音，文字儘量保持老師講座原貌，其中的第一人稱"我"指的是治心老師本人。老師不拘一格深入淺出，活的說法撲面而來，在活活潑潑之中讀者亦可意會到文中所流淌出來的真摯和深廣的愛。

懷著喜悅之心，真誠地祝願本書能成為您生命中一份彌足珍貴的禮物！

妙祥

對於那個奧秘，我探索了很久很久。

對這一萬大劫的探索也不算什麼，那其實很短、很短。與我迷途的歲月相比，那才是真正漫長的歲月，所以這探索的時長，於我而言就只是一剎那間的迷途知返。

我最先有所感悟的是進入那個幽深的黑洞，我在裡面遇見了道家的老子，他在裡面傻傻地呆著，無影無形，讓我有些許恐慌，於是我孜孜不倦地懇請祂現形。

在我強大執念的騷擾下，祂終於受不了我，於是往我的心智系統中塞進來"玄牝"二字，我雖不解其意，但卻有說不出的美妙感受，於是我就更迫切地請求"要看見"！

這時我的潛意識便順著記憶裡似曾經歷過的相似性美妙，化出一條粉紅色的小短褲，而其下所遮掩的是若隱若現、雲霧繚繞的一口深潭，我同時自知該意象之"極其不敬"，於是便將自己打入"冰窟"煎熬。

可是，我卻一直深愛著那個神秘！

我追呀追呀，我或去天上找祂，在彩雲之間飄呀飄，同樣有那種相似性的美妙感覺；我或去海底找祂，在那水裡游啊遊啊，也同樣有那種相似性的美妙感覺；我或不由自主地闖進一朵玫瑰花裡去找祂，在那花蕊裡面愛呀愛呀，也同樣有那種相似性的美妙感覺；我或溜進一棵樹或邁進一株小草裡面去找祂，在那裡面親啊親啊，抑或鑽進岩

9

石、抑或埋入土地裡、抑或燃情炭火之中……我亦依然能夠在其中經歷那種相似性的美妙感覺！

你若問我這是不是一種幻想呢？

我雖然不會反駁你，但我卻是死活都不會承認的，因為那亦是我最深的秘密。

所以當昨天有人問起我的真愛時，我唯一想到的就只是祂。是的，沒錯！時至今日，我自始至終深愛著的依然是祂！只是我如今喊出祂的另一個小名叫幸福。

是的，《識性觀行》這次講座，是我再度進入“玄牝之門”溜達時，順手帶出來作為禮物送人的寶藏，那是“天地根”裡綿綿若存的最深最深的潛規則或最不可示人的奧秘。雖然你我終日皆用之不勤，但卻絲毫不妨礙祂作為永恆的秘密等待著你探索祂的隱私。

是的，我曾經把祂褻瀆成一位大美女，並脫下她的粉紅色小短褲，所以我一度宣稱自己掌握了她的隱私，於是便開始應眾生之需而以“運命智慧”為主題開始講解《了凡四訓》，並連續開講十八期後中斷該主題講座而以更多主題應機說道。

所以《識性觀行》這本書也就是這樣的產物。

若你亦是一位生命奧秘探索者，並有緣讀得此書，那一定大大有利於你的探索。

是為緒言！

治心

治　心 老師簡介

　　治心老師，字無遺，號治心。當代詩人、作家、思想家、藝術家、心相家。祖籍四川，自幼歷經諸多奇遇，致其三觀顛覆，進而開始探索生命真相與大道奧秘。後有道家師父不期而至，伴隨數載悉心點化。後又因緣所致修學佛法，迄今二十餘載，精進不止，種種殊勝，無以窮述。最終徹悟生命、宇宙之究竟圓滿實相。現以多重身份與角色演繹　其生命之大自在。

　　隨著修行深入，他越是明理越是謙沖，越是懂得越是慈悲。於是明志以力行善道、慈濟大千、無有遺野！祈盼天下迷眾皆得自在解脫，繼而創辦九和九福教育，系統開發包括個人、家庭、社區、企業、學校、政府、民族、宗教、生命等九大板塊在內的全民九階進修課程體系，助力人類早日回歸正道、實現世界大同。

　　治心老師從客觀實相與生命本源出發，站在宇宙乾坤之道與生命圓滿之法的角度，提出徹底解決個人身心、家庭關係、以及各民族不同文化、各國不同執政理念、各宗教不同信仰之間五大矛盾的《九和新學思想》。

首創《三大心智語言》生命實相理論體系，研發《造夢藝術》《心相語言》《左右腦平衡教育》與《王者之旅》等系列課程，究極生命運作之奧秘，思想內涵無比深厚。其研發且親授的《九行運命》《九和之家》《九久鴻業》《九智領導》《九感明師》《九力學子》《九禪內觀》《九療全愈》《九福人生》《生命真相》《眾妙之門》《行住坐臥》《圓覺中道》《心物一元》《大圓滿鏡智》等系列課程涉獵個人身心健康、家庭和諧幸福、事業騰達通泰、人生自在美滿、生命價值成就等方方面面掌控生命自由度的大智慧。

著有詩集《真我如是》，該詩集根據不同主題、思想、內容與風格整理為《無遺集萃》《無遺弄影》《無遺開智》《治心劄記》《治心慧語》《治心禪詩》六分冊，每一冊均以其獨到的視角與獨特的手法從生命的不同角度與層面來詮釋和妙解圓融通達的人生哲理、生活智慧與生命藝術。

治心老師的書法亦是獨具一格，其妙手所化現的彰顯皇家風範與貴族氣質的治心能量體，開內拙之先機，問生命之本有，玩藝術之童趣。

　　老師的每一幅作品都是在生命本源之威德自在大圓明狀態上書寫、表達、演繹而成，故每一幅作品也都蘊涵著至高的生命能量，盡顯老師所證天地自然、宇宙乾坤之究竟圓滿道法。

　　作品中的每一個字，猶如一個個鮮活的生命靈動而歡喜，蒼勁而有力，渾厚而通達，豐盛而圓滿，超脫而自在，神聖而莊嚴……富有極高的靈性、美感和神韻，耐人尋味，引人入勝，予人智慧，是提升個人心智與生命能量的絕佳之作，富含深刻的教育意義與文化內涵。

　　當其作品映入眼簾一瞬，心靈頓被攝受，靈魂深受吸引，所見之人皆深感語言無力形容其作品之穿透與震撼程度，驚奇與嘆服的當下，已然知曉此瑰寶與心靈相通，甚是神奇與高貴，此等靈氣之作，實乃與生命為伴之無價臻品，極具收藏價值。

　　此為老師透過墨寶在修學者日常生活與工作環境中潤物細無聲地為其柔軟心性、啟迪智慧、淨化靈魂的慈悲心願，亦是老師之所以在百忙中，一直會抽出專門時間為學員量身書寫墨宝的初心所在。

　　老師將其實證之道高超而精妙地應機示現和隨緣傳授給眾多探尋生命奧秘的求道者，其大智妙用淋漓盡致地體現在講學與生活之中，其天地般寬廣的愛深深地感動著身邊的每一個人。老師慈悲喜舍、深入簡出、隨緣任運，是一位此生若有緣受教，生命便可了無遺憾的大圓滿智慧佈道者。

目　錄

第一講

真正來認識無常的智慧體系⋯⋯⋯⋯⋯⋯⋯001
　　一陰一陽之謂道，只是在有常的知識體系裡
面，你學問再高你都掌握不了你的命運，因為命
運是有常的知識體系和無常的智慧體系共同配合
管理的。

第一節
第二節
第三節
第四節

第二講

我們要通過我們的生命去證悟我們要走的，絕不是對抗性模式，而是互補性模式，就是上天講的善良。我們要傳承中國善良的文化，這樣我們這個民族、我們這個國家就一定會有美好的未來。

第三講

　　你每天自稱的這個“我”到底是指你的肉身呢？還是指在你肉身裡面活動的靈魂呢？還是指你肉身裡面那個具備感受的功能呢？如果不提醒你，你可能永遠不會去思考這個“我”到底是指誰！

第一節
第二節
第三節
第四節

第四講

　　東西方文化都講三大中心都打通的人很幸福，是因為你活在平衡中，所以你沒有焦慮，沒有能量堵塞，沒有失去陰陽平衡的狀態，因此你身心和諧，這樣就是一種幸福的狀態。

第一節

第五講

　　每一個人在沒有形成一個中心之前，我們的人生就會處於一種混沌狀態，所以一旦這個中心點確立，就叫混沌開基，宇宙乾坤從此有序！

第六講

　　用三千大千世界的七寶來行佈施，其功德
都不如在某種心法狀態上的一念之能，所以有
時候一念都能功德圓滿！這裡面就有玄機，正
因為有玄機，這個遊戲玩起來才精彩！

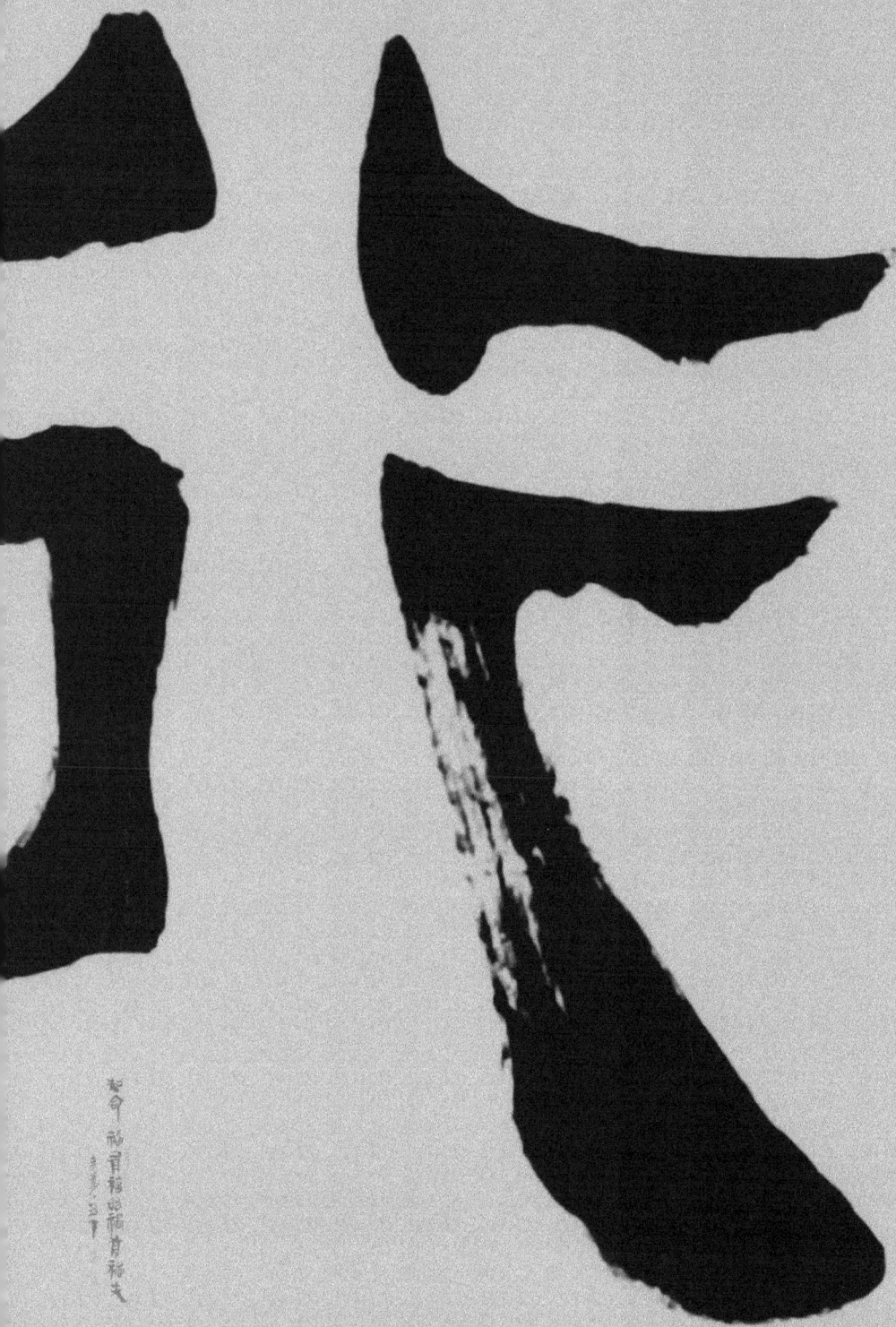

第壹講

真正來認識無常的智慧體系

有 常 知 見 豈 能 曉

頭 腦 概 念 成 邊 微

一 陰 一 陽 之 謂 道

無 常 體 系 才 最 妙

肯常起見豈能曉
頑腦概念成邊徹
一陰一陽之謂道
無常體保于最妙

藥常真常　燕貴　語下

第壹節

一陰一陽之謂道，只是在有常的知識體系裡面，你學問再高你都掌握不了你的命運，因為命運是有常的知識體系和無常的智慧體系共同配合管理的。

人生如此迷茫，破迷的鑰匙恰在你身上

我們每個靈魂都生活在一個據說是迷的世界裡，這個世界被古代的聖賢們描述為娑婆世界，我們生活在其中，但是我們並不瞭解它，這是因為身在此山中不識廬山真面目的緣故。所以生活在這樣一個我們每日都熟知的世界裡，每個眾生卻經營著各自不同的迷茫，我們整日裡書寫著喜怒哀樂，卻更多體會到的是不幸福，當然還有匱乏。那麼所有這些到底是什麼原因所致呢？

在這次課程開始之前，有很多學員提了很多問題。這些問題有關於個人的，有關於家庭的，有關於事業方面的，還有關於婚姻方面的，所有這些問題都具備普世的共性。在這個地球上有70多億人其實都跟我們一樣在探索人生的奧秘，他們都在尋找生命的真相，當然也包括這神秘的命運。

我們每個人都試圖想要掌控自己的命運，不管我們是有信心的，沒信心的，或者不管是什麼樣的狀態，我們都與自己個人的命運緊緊相連。但是對於命運這傢伙，我們似乎只是知道他的名字卻不瞭解他的性格。我們知道他是與我們緊密相連的，我們應該與他相依相偎，但同時我們卻又感覺命運和我們似乎甚為陌生。因為我們想什麼他不理解，我們要什麼他不理解，所以導致我們與命運雖然形影不離，然而我們彼此卻從未真正地擁抱過。

3

在這樣一個世界裡，對於不同的層面來講，不管是個體的，家庭的，還是國家的，民族的層面，我們都知道這個社會有一個巨大的能量，我們都在用這能量幹著各種各樣的事情。甚至包括兩個國家之間的對抗，實質上也是兩個能量團，以相互抗爭的模式在書寫這個世界悲壯的生命歷史。

對於我們個體來講，每一個人從小孩開始都在訓練一種模式，這種模式就是讓他能夠在這個世界上自保，能夠活出自己的價值，能夠讓人們為他點贊，我們過去講的光宗耀祖、功成名就等等所有這些都是我們想要實現卻一直未曾實現的夢想。在這幾千年當中，只有極少數的人，極其少數幾個能叫出名字的人，他們知道了這個奧秘。

那麼在今天來講，不管是大學生、研究生、博士生、博士導師、教授專家，還是在各個領域獲得諾貝爾獎的這些在地球上最頂級的人才，一旦涉及到生命真相問題，以及他們自己的生命奧秘問題，他們實質上都是一無所知的。雖然我們讚美他們是偉大的科學家，偉大的詩人，偉大的藝術家，偉大的政治家，我們把地球上所有最神奇的詞彙都賦予了他們，但這些精英們卻無法給這個地球帶來神奇的效果和終極的幸福，所以我們要真正地面對這個現實。

4

那麼這個奧秘到底在哪裡？實際上這幾千年來我們的古聖先賢就早已經探索到了。他們知道生命背後神奇的奧秘，以及我們人怎樣獲得自我的成就，怎樣把家庭經營得更加幸福，其中包括每一個家庭成員的身心健康。實質上在我們五千年的文化當中，能夠達到的一個基本的效果，就是人是可以不生病的。但是今天這話誰敢說，誰就有罪。為什麼？因為你是反科學的。人怎麼可能不生病呢？！人怎麼可能永遠快樂呢？！但是在這地球上兩千多年前，就有這樣的人宣告，人可以永遠快樂，這叫恒常喜樂的狀態。

但是今天從我們個體的角度來講，我們根本不敢去夢想所謂的健康不生病。從我們的心理情緒上來講，我們根本不敢去奢望永遠快樂。從我們家庭的角度來講，我們根本不敢去相信貼在大門上的"五福臨門"會是真的。至於從我們事業的角度來講，我們老祖宗講內聖而外王，這個感覺更遙遠！我們連自己都養不活，還負那麼多債，怎麼內聖外王啊？

但是，我們的古聖先賢，我們的老祖宗不會騙我們，他們確實告訴我們，在這個世界上有這麼一把鑰匙，一旦找到這把鑰匙，遠遠勝過獲得博士、教授、專家、諾貝爾獎等等頭銜。這把鑰匙藏在什麼地方呢？是在一個遙遠的神秘之所嗎？還是在高貴的皇宮寶殿裡面？實際上我很不好意思地告訴你：這把鑰匙就在你的身上！這句話我原本不想這麼輕易地說出來，因為當初對我說這句話的人差點被我揍了一頓。我說我用盡了一切努力都沒得到想要的東西，你說得那麼輕巧！如此圓滿周全的智慧，如此奧秘的鑰匙，居然就在我身上？！

所以那時候我很抗拒，因為放眼看到這世界上的很多人，包括我的父母，兄弟姐妹，以及周圍許許多多的人，他們都不幸福。所以那時候我一看見年長的老人，我都要去拜訪和請教他們。他們比我早來到這個世界，他們過的橋比我走的路多，他們吃的鹽比我吃的飯多，所以我相信他們活得久就應該知道的奧秘也更多。所以那時候我什麼都不想幹，就只想找到這人生到底有沒有古聖先賢所說的那把神秘的鑰匙。如果真能找到，豈不比我做個科學家，做個世界首富，做個總統，都更有意義？！

我們的人生都是平等的幾十年不到一百年而已，那麼在這不到一百年當中，我們的古聖先賢，前赴後繼地都在圍繞這個目標——人生終極的幸福，一直在努力在探索。乃至今天在座的各位，雖然你們可能是因為某個事業和項目聚集在這裡，但我知道，你們的靈魂想知道的遠遠不僅僅是財富，當然也包括財富，因為傳統文化和財富從來就不是仇家，當然也包括幸福，還包括兩個人的相依相愛。聖人的文化賦予我們能得到身心的健康，家庭的幸福，事業的輝煌，並不是讓我們雖然徜徉於青山綠水之間卻在無端哀歎，也不是用阿Q精神讓我們四大皆空把一切放下，然後我們還誤以為找到了真機，貌似不煩惱了，實際是絕望了。如果我們幾千年的文化只能做到這一點，那麼打死我都不學，我寧願隨心所欲痛快一陣是一陣。但是我要向各位宣告，在這個世界上，真有這樣的神奇！真有這樣的鑰匙！

我會在接下來的講課中告訴你這把鑰匙，當然你得把它在生活中用起來，用到所謂的心想事成，用到所謂的智慧周全，用到所謂的人生圓滿，包括我們講的自我價值的確認，人生價值的書寫，生命價值的綻放等，你要掌握到這種程度，這需要時間。而在經典裡把這時間描述得相當長，叫三大阿僧祇劫。如果真是這樣，我也不想要。因為三大阿僧祇劫實在太漫長了，一劫就是多少億年啊！一阿僧祇就是多少劫，和宇宙差不多時間了！我才活幾十年，等不了，沒那個耐心。

所以我在終於找到了這個奧秘後，我就想怎麼樣用更簡單的語言，更簡單的操作，把它概括起來，告訴給我們時間很有限的現代人，讓我們在有限的時間裡，能找到遠遠比你拿什麼博士證書更有含金量的東西。我把它概括成九行運命，就是九個行，包括識性觀行（知命）、格性慎行（敬命）、化性破行（改過）、養性立行（立命）、聚力成行（積善）、合事籌行（用智）、合情怡行（用趣）、合義大行（發願）、合道謙行（運命）。這九個行是一個體系，我就是圍繞這把鑰匙在講，這把鑰匙會告訴你怎樣打開財富之門，擁有幸福的婚戀，永久的健康，當然也會找到身心解放的自由等等。這把鑰匙在我身上是實驗過了，首先健康不生病對於我來講就像吃飯那麼簡單，我已將近三十多年連感冒發燒都沒有了，沒辦法成為醫院的客戶。其他方面暫時不說，大家以後會逐步瞭解，不佔用大家現在的寶貴時間。

　　九行運命分九個部分來系統闡述，現在我們講的是第一部分——識性觀行。識什麼性，觀什麼行？識性就是要瞭解生命之性，即生命能量習氣及習慣性心智運作模式；觀行就是觀不同心智模式所投射出來的生命受用，諸如開心、快樂、痛苦與憂傷等等不同的生命狀態與外在行為表現，並能看破其背後的成因。既然我們是團隊學習，我不想打雞血，不搞什麼投機取巧，沒必要用成功學的那種方式來忽悠大家。你們不少人有被忽悠的經歷，可能有些人長期在被忽悠的坑裡面摸爬滾打，經歷了各種陷阱，各種洗腦，對此你們並不陌生。這行業不缺我，所以我不幹這種事情。我會盡可能用今人能理解的語言，把這經典裡講的無上甚深微妙法儘量通俗地講給各位，希望你們能掌握到，能用起來。

　　因為聖人留下的東西是打開宇宙之門的鑰匙。宇宙之門包括橫向縱向的各種時空，也包括我們人生的方方面面。聖人探索的是人類真正至高的目標，就是人類最終極的幸福，它體現在依報環境裡個人的身心、家庭、事業、夥伴，也包括一個民族、國家的狀態，這把鑰匙都能解決這些問題，所以我會分九次把這個體系給大家做彙報。這是我第一次講這樣的課，過去沒這樣講過。考慮到今天社會上空談的多，幹實事的少，因此我想要重點強調這個"行"。

識什麼性觀什麼行，這是需要我們掌握的。為什麼？因為我們用手機就知道了，手機需要充電，有電才能工作，電就是手機的能量，我們人也需要能量。手機的電能用什麼程式來指揮它工作，這就很關鍵。王陽明說無善無惡心之體，他講能量本身是沒有善惡的，就像我們用的沼氣天然氣沒有善惡的一樣。你不掌握它的性情，這個能量就會反過來傷害你，你掌握了它就為你服務。能量本身沒好壞，不能因為我沒掌握天然氣的奧秘，哪天它把我毒死了，我就說它是壞蛋。它不可能是壞蛋，是你不瞭解它，對吧？

所以王陽明開悟後說了四句話，第一句就是無善無惡心之體。因為心體是能量，它類似電能，我們的智能手機要工作需要有電能，電能需要軟體指揮它工作。我們人也一樣，人生成果是由行為創造的，行為受思想指揮，即思想指揮能量，能量展開生命造作。這就是我們所種之因，所受之果。我們發現行為、造作的背後是能量，如果我有氣無力的想罵人都罵不了，我怎麼可能造作啊？肯定需要很多的能量。但也並不是能量多就好，能量多了不會指揮，就像我們不瞭解沼氣天然氣一樣的，最後反過來害了你。財富也是代表一種能量，今天不會指揮財富反過來被害的人很多了，有坐牢的，有家破人亡的，都是被能量反過來所淹沒。能量沒好壞，關鍵是我們要掌握怎麼樣來使用能量。我們的人生實質上就是思想驅動能量展開生命造作而種下因並受其果，就這麼回事。

那麼什麼是性呢？性是一個基本的思想模式。性這個字在中國文化裡面很神秘，我們稱為空性，自性等等，就是一種模式。你用什麼模式來推動生命，這就講性。今天我不講知識，我講性。為什麼？因為知識不那麼值錢了，現在網上隨便搜什麼知識都有，但是我們用什麼模式使用知識這一點很重要。比如在手機、電腦裡用的程式有正反兩種程式，正向的程式就是什麼音樂軟體、拍照軟體、視頻軟體、編輯軟體、導航軟體等。而反向的程式就是病毒，病毒有時候是更強大更完整的程式，因為幹壞事得先保護自己，不能讓正向程式隨便幹掉。所以有時候病毒程式更強大，不僅是完整獨立的程式，還穿了盔甲能夠自我保護，是完整的程式套件。程式套件裡包含無量的程式系統，也是編碼組成的，但它卻整天催動編碼幹壞事，這就是它驅動的模式。能夠開發病毒程式的人也是電腦專家、程式專家，這些專家都是人才，他雖然掌握了很高的知識，但他的驅動模式卻是把他的知識用來幹壞事。

所以今天知識不重要，我不看重用所謂的高效率去學知識，對於這個時代的孩子，父母沒必要逼迫孩子去學太多知識，因為時代不一樣了，從農耕時代到工業時代征服世界的力量不夠強大，那個時候知識就是力量。因此掌握更多的自然規律，掌握更多的物質特性，我們就會跟世界有更親密的關係、更少的衝突。動物也一樣，如果你知道一個老虎的習氣、獅子的習氣、馬的習氣，它就不會跟你作對，反過來它還成為你的坐騎。大家進到廟裡，是不是看到掌握了真相的菩薩們騎著獅子、老虎，對吧？這就是一種象徵，代表菩薩們掌握了這個能量的習氣。他們能駕馭各類能量，這類能量可以為我服務，所以把能量象徵成菩薩的坐騎。他們降伏的可都是很厲害的老虎、獅子、龍這類的能量，也有鳳凰、麒麟之類的能量。

所以在工業時代的時候，知識就是力量，那個時候孩子的唯一出息就是讀書，尤其是農村的孩子，只有讀書才能跳出命運的禁錮，叫跳農門啊！但現在不是工業時代了，是資訊文明而且即將要進入智能文明了，所以知識不是力量了，再這樣說就已經過時了。我們經常看到很多讀書很厲害的專家、教授在給沒上大學的人打工啊，是不是？這個時代知識很廉價，上網一搜都能搜到。當知識變得廉價，成為一個共享的財富和資源的時候，我們就不應該讓孩子花太多精力去儲備知識。

孩子們將來是活在智能時代，將來用智能可以解決我們70～80%的工作，以後有很多工作是由機器幫我們幹了，我們就有70～80%的時間騰挪出來了。到那個時候時間充足了，我們能幹些啥呢？現在有些還沒有實現財富自由的人都感覺有時候時間不好打發，一個人時會感到孤獨寂寞。而到那個時候有很多時間空出來了，你不是更加孤獨寂寞了嗎？怎麼辦？所以到那個時候更重要的是要在智慧上成就。智慧和知識是不一樣的，不是同一個量級。

中國的漢字被稱為東方神器，我們的文明濃縮起來就是漢字，特別神奇。以前我讀書差的時候不瞭解這個老祖宗造的字有多神奇，在座的有人知道我的正規學歷是初中，而且初中成績都不是很合格，我讀小學時的數學成績最高分是七十分，其他科目多是五十幾分，語文經常四十幾分。我的小學成績非常差，是班上倒數的那幾個。那時候我是在四川的一個很偏僻的農村讀小學，那是一個在過去連七品芝麻官都從未踏入的鄉村，很落後。當時教小學的班主任老師也只是初中文化，連拼音都不標準，我們就是跟這樣的老師學習的。當時我們的語文老師還有個愛好，喜歡打牌，經常打通宵，第二天來上課的時候就補覺，補覺之前讓我們自習，然後他就開始睡覺，覺睡完了我們也放學了。

結果我們班上四十幾個孩子，男的就我一個考上初中，神奇吧？我也覺得神奇。還有四個女孩也考上了，加上我是五朵金花。我創造了歷史記錄，就是校長想不明白：為啥是你考上？然而，我對當時發生在我身上的事情至今都感到印象很深刻，那就是：我命裡該上初中！不知道在座的各位，你們信命嗎？

想當初，我家裡6個兄弟姐妹，那時候家裡很窮，吃不起飯，我上初中三年都是餓肚子，有時候一天一頓飯都吃不上。這是老天爺太照顧我，給我三年的餓飯時期，我就是在這樣的境遇上讀完初中的。那時候我老爸根本就沒想過要送我上初中，因為在我們那個小學每年考上初中的也就幾個人。而我平時的成績就擺在那裡，是無論怎麼推理都考不上的人。我老爸經過多方分析後大方承諾，你只要考得上初中，我砸鍋賣鐵都送你去。我知道這是個陷阱，因為他根本就不相信我能考得上。後來我考上了，我老爸氣得要死。

我印象很深啊，至今都記得當時在考場的影像逼真的狀態，從我掌握的知識來講，我是根本就考不上的，但是就在考試那天，我坐在那做題時，真的感覺有一個神光照體。那時候我還不懂那叫神光照體，就是感覺有光照著我，指揮我的手做題，就這樣莫名奇妙我就考上了。而且指揮我就剛剛好考上那個分數線，一分不多一分不少。我有個表妹天天和我一起上學的，一直都是班上排名靠前的，但她沒考上，哭了很久：憑啥他考上我沒有？！

是啊！憑啥我考上了呢？那次神光照體的深刻印象，使我開始知道有一種未知力量在幫助人的這麼一個切身體會。看來我命中是該上初中的，但是除了初中，我拼命地想上高中就不行，想上師範也考不上，因為命中沒有。那時候農村人最高的目標就是考師範學校，回來當個老師不用曬太陽，有口飯吃，這就是最高追求了。所以我當時真是鉚足了勁想考師範學校，結果發現不是努力就能學好的。我在小學時每天打架不好好學習，到初中二年級時我醒悟了，不好好讀書回去種地可不是好日子，所以我就開始偷偷摸摸努力了。每天放學以後不跟同鄉的孩子一起回家，而是躲在樹林裡學習，一直到天黑了我才回家。但是無論我怎麼努力，我的語文只能考四十幾分。

為啥？我發現不是努力你就能考得上，因為我親自見證了，當你沒有那個運，就感覺你頭腦有個東西把你罩著，昏昏然的感覺。走倒霉運時，頭腦感到好像戴著帽子一樣，你想什麼事情都容易出紕漏。各位有沒有這種體會？當你走好運時，也有個東西照著，這時候你會感覺頭腦清晰，思維敏捷，反應很快。

那時候在農村我幹完農活，晚上就想多學習，笨鳥先飛嘛，老師說的。頭懸樑我幹過，錐刺股沒幹過，用針刺臀部我幹過，但是不管用，還是被一個昏昏的能量罩著，照樣睡覺。後來我研究這個睡覺的能量到底是從哪裡來的？每次上課時一想認真就睡覺，眼睛都睜不開。真的不是自己想睡，因為它不是你自己的能量，如果是你的能量，它會不聽你的嗎？你說就想聽老師的課，不想睡覺，可是這股能量就灌進你身體的每個細胞給你催眠，然後剛剛好在老師講最後一句話的時候就醒了。大家發現這個奧秘沒有？相信我們都不陌生啊！

就是總有個外來的力量在干預我們的人生命運。他用這種形式來左右我們的命運：有時候他給你一種昏沉的能量左右你說錯話做錯決定，你的命運就被改了。有時候他給你很清晰的能量照在頭上，你就有很多靈感，能想到很多想不到的事，然後一干還幹成了。你以為是你自己想出來的主意，卻毫無覺察這背後有個神奇的東西在運作你的命運！我那時候就是處於被運作的狀態，所以無論我怎麼努力都學不進知識，初中三年畢業後，我掌握的漢字不到兩千個，那時候寫篇五十個字的作文我都要幹通宵啊！今天我能寫這些是真的不一樣啊，和那時候是截然不一樣了。

我們背後有一個無形的東西存在，我們一定要找到這個奧秘。你只有接觸到這背後無形的東西了，你才敢說掌握了自己的命運。如果對背後這神奇的存在你視而不見或不相信，然而無論你相不相信，他都在那裡。所以我們寧願相信他，研究他到底是一個什麼樣的存在真相。如果我們耗盡一生，花大量的時間去發財，最後到頭來被這背後的存在搞得你不僅發不了財，還欠了一屁股賬，那還不如挪點時間來學習，把這個生命真相學明白了，知道生命是怎麼運作的，那時候就可以說自己能夠掌握自己的命運了。所以有很多人很糊塗，這樣的課不聽，過去講善根、福德、因緣都要具足的人才能聽到這些真理的。

我可以告訴大家，在整個中國你聽不到我講的這種傳統文化。你看我可能不像搞傳統文化的老師，我也從來不裝模作樣之乎者也的，我從小就是一個調皮搗蛋的小孩，是一步步慢慢地走到今天來的。我不是一個知識份子，別人看到我的字就說我是書法家，我也不是書法家，只是個業餘愛好而已，甚至都不算，因為我提起筆胡亂寫就成這樣了。所以知識和智慧如同霄壤之別，智慧是無所不能的，他可以創造出無數的知識，但知識永遠只是知識。後來我明白了，為什麼老天爺不讓我學知識，因為如果我學習很努力，萬一考了個博士怎麼辦？那就成了知識份子了。如果我今天以知識份子的身份講這些就沒有說服力了，因為一個博士當然知識淵博啦，你會覺得這是理所應當的，就不當一回事了。而我以一個原生態的連初中都不怎麼合格的人來講就值得你思考了，你可能就會開始認真研究到底什麼是知識什麼是智慧了。

　　說文解字裡怎麼說"知識"這兩個字呢？"知"旁邊是個"矢"，就是弓箭的意思，代表功夫，因為在古代，射箭被稱為十八般武藝之首，旁邊一個口，就是說知識是嘴上的功夫，而不是真正的力量。"識"呢？"言"旁加個"只"，和知連起來，就成了只是嘴巴上說的功夫。對吧？中國漢字是很神奇的，每個字的筆劃都濃縮了天地宇宙造化的奧秘。中國文明是很神奇的，過去有四大文明，現在除了中國文明，其他三大文明都沒有傳承下來，唯有中國文明生生不息未曾中斷。預言說中國將成為世界的希望，可能真有這回事哦！中國文明最神奇的就是漢字，每個漢字都蘊涵了人生天地宇宙真理，所以號稱東方神器。中國所有古聖先賢的智慧和奧秘都濃縮在漢字裡面，所以那些會解字的人，從這字裡就能悟到很多人生道理了。

　　你能成為一個教授，不代表你掌握了智慧。曾經有這樣一個案例，有一個在學術上很有成就的教授，從知識的角度他很牛了，但從智慧的角度他卻很弱智。他每天要參加各種各樣的報告會，因為他在學術上的成就而被賦予了很高的榮耀，但在智慧層面他卻像個小孩。智慧是對力量的駕馭，能夠掌握力量、駕馭力量才叫智慧。而知識只是瞭解規律，瞭解和掌握是兩回事。瞭解規律，瞭解自然的特點，那只是瞭解，而只有掌握了才屬於智慧。他的知識很牛逼，但在智慧層面對自身能量的掌握他卻很弱，最後他就敗在智慧上而導致家破人亡。

他每天早上起床後每一步都是很規範的，鬧鐘一響，他就穿鞋更衣，刷牙洗臉，吃早餐拿資料等等都是有時間控制的，然後幾點就可以準時出門，都是計算得很精准的。但是有一天出現了意外插曲，對於意外，知識是掌握不了的，只有智慧才可以。智慧要用來應付很多未知事件，智慧要用來應付人生無常。人生有常是知識範疇，人生無常是智慧範疇。人的有常範疇是一個程式系統，相當於電腦的程式，人可以把這程式開發得很科學，各個環節結合得很好。而智慧要應付的全是不可預料、難以預測的事件，當下會發生什麼都不知道，這個領域是交給智慧來應付的。

我們在人生中創造成果，光有知識體系不行，還得有應機的智慧體系。你們有沒有發現從古至今，社會的很多機遇都隱含在無常中從而產生了很多英雄豪傑，對吧？在正常的有序化體系裡面，基本上產生不了英雄豪傑，也產生不了大人物。而智慧不在程式裡面，他是自性顯發，是很奧秘的東西。對於獲取知識的途徑，道德經裡講得很清楚，為學日益，每天都要努力學習，你就能比別人裝進更多的知識，這樣考清華大學你就佔優勢了。知識體系的競爭，可以通過努力刻苦來獲勝。但是智慧體系的競爭就不是靠這個，那是很神秘、很神奇的，所以才有古聖先賢、歷代社會中最頂尖的精英去研究他。

很多人只研究知識，只有極少數人研究智慧，因為他是很難琢磨的體系。所以很多人就放棄去追求智慧體系，而寧願去研究知識體系，知識體系就是程式體系，因為它就在教科書裡面，是可以看得見的，可以量化的，而智慧體系無法量化。道德經裡也說了為道日損，只有真正有智慧的人才會去悟道，這個道就是智慧體系，只有掌握了道的智慧體系才代表一個人真正掌握了自己的命運。

每個人身上都有兩個體系在運作我們的生命

你會發現今天講道的老師給人高高在上的感覺，好像是穿長袍，留長鬍子，飄飄欲仙的道人幹的事，但是我告訴你，有很多如今在道觀的人其實離道甚遠。我過去曾經拜訪過很多道觀和寺廟，就是很想在紅塵中找一個師父，最後發現沒有一個人能教給我想要的東西。後來我終於死心了，只好在自己身上找。為啥？曾經有一位高人，他什麼都沒教我，只給了我一句話：天地宇宙的奧秘就在每個人身上！

我當時聽到這句話的時候並沒有當一回事，所以還是繼續在紅塵中想找一個師父教給我一套現成的東西，就像我們讀書一樣，很想有一套現成的東西，結果花了十幾年也沒能找到，可是我又始終不想放棄。如果我此生不知道有這個神秘的存在也就罷了，那我就去追求當官發財了。既然知道了有這個神秘的存在，那就無論如何一定要找到他。而且他表面上無形，實質上在掌控整個人類，他實在是太牛逼了，真值得我們去拜訪他。

為什麼說他能掌控整個人類？因為古今中外有很多預言，包括諸葛亮的《馬前課》，以及劉伯溫、諾查丹馬斯的預言，他們有的甚至早在幾千年前就能預言中國的今天和未來的事情。他們能預言這本身說明了什麼？說明背後有安排啊！只有早就安排了的事情，他們才能預言嘛！那麼誰在安排呢？反正不是我。

22

所以我得去找到那個安排的人啊！這個人不在知識體系，不在有常體系，他在智慧體系，在無常體系，所以我們要去研究這個無常體系。無常體系不代表他無序，我告訴各位，我們認為知識體系好像很有邏輯很有體系，無常體系好像一片混亂，沒有邏輯沒有次序，那是我們腦袋想像的。當你哪天一旦接觸到這個無常體系，你會發現他恰恰是最有體系的。

我給你說他有體系到什麼程度，比如我們在座的每個人，就是有常的知識體系和無常的智慧體系同時在管我們。我曾在成都和一個高級工程師聊天，他是搞尖端科技的人才，他掌握的知識體系在人間來說已經是頂級了。這種人是很自信的，他認為天地奧秘、宇宙自然沒有他不知道的東西，因為他通過認真的學習，刻苦的鑽研，當然這裡也有他自己的天賦，從農村孩子最後能進入到社會最頂級的知識階層，那的確也是很成功了。

那天我們閒聊到了一些未知的東西，他說你不要給我談什麼未知的迷信，我們只相信科學，根本沒有未知，所謂未知就是未來的已知。科學發展到未來一定能知道，不要談那些玄而又玄的東西。我說科學的體系是知識的體系，我不否定它給人類帶來的極大的貢獻，以及給生活帶來的極大的改善。但是我告訴你，我們老祖宗說的"一陰一陽之謂道"，"孤陰不生，獨陽不長"。這是什麼意思？就是說任何事情的運作都是陰陽兩面同時結合運作的，只是一個陽面的有常的知識體系，沒有陰面的無常的智慧體系，生命是運作不起來的，我們每個人身上都有兩個體系在運作我們的生命。一個是有常的知識體系、科學體系在運作我們的生命，一個是無常的智慧體系在運作我們的生命。

當時他就說："你能指出我身上哪部分是無常在運作嗎？"

我說："太多了。你瞭解你自己嗎？"

他說："廢話！"

我說："你瞭解你自己這張臉嗎？"

他說："你不要這麼搞笑，好不好？不管男人女人今天哪個不照鏡子，哪個不瞭解自己這張臉啊？！"

我說："對，我就是要提你瞭解的，你天天照兩次鏡子吧？"

他說："不止。"

我說："好，既然你瞭解你臉的結構，那麼問你個問題，你的眉毛和頭髮都是毛髮，為何眉毛不長長，而頭髮天天長長？請告訴我。"

他一下子就啞了，回答不了了。

我接著問："我們的眼睫毛也是毛髮，為何眼睫毛也不長長，而頭髮天天長長？請回答我。"

對這些問題，他的知識領域就掌握不了了，因為這些是屬於無常領域，不是有常領域,他對無常領域沒有接觸過。無常領域其實是非常有序的,並不是無序的,你看人的眉毛不長長,頭髮長長,這本身就是很有序的。

我說:"這個領域你不熟,那請你用你的知識領域來解讀一下眉毛、睫毛長長有什麼壞處?"

這個時候他就擅長了。

他說:"眉毛、睫毛長長就阻擋視線嘛!看不清楚路就容易摔跤嘛!"

這從有常的知識體系他能解釋清楚。

我又問:"那頭髮為什麼要長長呢?"

他說:"頭髮長長可以變化造型啊,可以增加不同的美感。"

我說:"從功能的角度,眉毛和睫毛必須不能長長,對吧?從功能的角度,頭髮應該長長,對吧?"

他說:"是的。"

最後我又問他:"頭髮天天長長,眉毛和睫毛不長長,請問這是偶然的還是必然的?"這時候他不敢回答了。他敢說是必然的,我就會問是誰造的?他如果說是偶然的,我就會問為什麼每個人都這樣?他沒辦法回答我,最後他自己得出個結論,跟牛頓一模一樣,他說:"看來有神哦!"

我說你不就是跟牛頓一樣了嗎?當年牛頓也不相信有神,研究科學研究到了無常體系他就解釋不了了，有常體系總是有邊際的，當超越了有常體系的邊際後就進入到無常體系了，一進入無常體系牛頓就沒招了。無常體系好比是閉上眼睛就是一片混沌，我們老祖宗說那是混沌世界，道家講混沌開基才成宇宙，那就是無常的範圍，誰有那個膽量去探索啊？很少有人去探索，我們絕大多數人都只願意去探索那個現成的有常體系，現成的知識體系、科學體系。

當年牛頓有一位朋友，就是英國的著名天文學家哈雷，他因為推算出一顆彗星的軌道，這顆彗星後來被命名為哈雷慧星，但是他卻不肯相信宇宙中一切的天體是神創造的。有一次，牛頓在自己家裡造了一個太陽系模型，中央是一個鍍金的太陽，四周對應著天體秩序排列著九大行星，一拉曲柄，九大行星立即按照自己的軌道和諧轉動，非常美妙、壯觀。有一天，哈雷來訪，一見到這模型，頓時就被深深吸引了，玩弄了很久，連連驚歎叫好，然後急著追問牛頓這是誰造的。牛頓回答說："沒人造"。哈雷說："這不可能！無論如何必定有創造它的人，而且肯定是位天才。"大家看看，在有常體系的邏輯裡面認為一切都必須是有人造的，不可能存在沒人造的東西。

這時候牛頓說了："這樣一個模型都必須有人造，那麼那個真實存在的無比浩瀚的太陽系就不需要人造了嗎？這個模型雖然精巧，但比起真正的太陽系，實在是微不足道！對於這個小小的模型，你尚且相信一定有製造它的人，那麼比這個模型精巧和巨大億萬倍的太陽系，豈不是全能的神，用無比高度的智慧創造出來的？"哈雷一下子就啞巴了，愣了半天然後說："看來有神哦！"

第陸節

　　我們只要善於觀察就會發現，無常領域是很浪漫的，比如冬天下雪，雪花很美，對吧？而且每朵雪花都長得不一樣，你看這無常領域是不是很浪漫？太浪漫了！你看我們大自然裡有數不清的生物種類，數不清的花草樹木種類，就是同一顆樹，都沒有相同的一片樹葉。每種樹的基因是穩定的，但在基因穩定的基礎上，又是很美很浪漫很差異化的，這就是無常體系。這一切都是非常有序的，不是無序的，只是我們還沒有掌握這個領域而已。

　　再比如我們的五官，我們的牙齒是不是長在該長的地方？沒有長在肩膀上吧？說明它不是亂的。我們的鼻子有沒有倒著長的呢？沒有吧？說明它也不是亂的，都長在了該長的地方。如果鼻子長在後腦勺，我們就會說基因混亂無序了。對不對？另外，牙齒長在口腔肌肉上，是肉裡長出來的，那它應該也能長在手臂肌肉上，因為手臂肌肉和口腔肌肉都一樣是肉，但可不是只要是肉就長牙，那同樣是在該長的地方才長的。因為牙齒長在嘴裡需要咀嚼食物，而手臂不需要具備那個功能，所以手臂就沒必要長出牙齒。所以你會發現無常領域是不是很有序？而且他從不浪費，雖然他在身體上隨處都可以安排長出牙齒又不費錢，但他絕對不會把牙齒安排在沒必要的地方，他安排的一定是有用的。你看無常領域是不是很實用？他是最務實的。人們在有常領域裡經常還空談，有常領域裡吹牛逼談夢想的人太多了，不務實的人太多了，但在無常領域裡是找不到不務實的。

你聽了我的課再去聽其他傳統文化的課，你就會發現，只要是在有常領域裡講傳統文化的，很多都跟我不同。他們是在知識體系裡講傳統文化，有時候搞得很玄乎很迷信，所以容易把人繞得暈乎乎的。因為他們沒有接觸過無常體系，所以只能在有常的知識體系裡面講。而我剛好相反，從小很少接觸知識體系，更多的是接觸無常體系，所以我對無常體系可以說是知根知底的。我很清楚地知道他不是無序的，而是非常有序，非常科學，非常務實的，一切都是安排得很恰當的，所以耳朵沒有反著長的，眼睛也沒有長在腳底的。

這是一個非常宏偉的體系，它不是亂的，它是特別有序的存在。你看宇宙無比的浩瀚，裡面有無數的星球，它們的運行軌跡是不是很有序？宏觀大到無邊無際的存在，微觀小到我們人、螞蟻的存在，你發現無常領域所掌管的東西是科學能望其項背的嗎？我們今天說智能機器人很厲害，我們能創造個飛鳥飛上天，可是無論智能多厲害，也永遠跟一隻蚊子沒法比。我們在有常體系裡創造的能飛的東西，跟無常體系裡創造的能飛的東西根本沒法比。

　　比如說一個手機，手機要能實現導航、打電話等功能，裡面需要捆綁幾百個程式才能配合完成工作。這些程式都是我們看不見的，我們能看見的只是功能性軟體，基礎性軟體你看不見，都在底層系統。手機有兩個系統：底層系統和顯表系統。顯表系統就是我們看得見的導航、音樂等軟體，而底層系統有幾百個軟體在工作，比我們顯表系統多很多，但是你看不見吧？所以你不能說看不見的東西就認為它簡單，看不見的東西裡面可能更神奇哦。

　　所以我們要發明一個像鳥一樣飛的、像蚊子一樣飛的東西，那裡面也一樣要很多軟體配合才能飛起來。但是你看一隻小蚊子它自己就能飛，它自己能掌握方向，它還有防護程式會保護自己，它還會給自己加油，晚上偷偷來吸血，而且它那麼小還會辨認味道。你看看它的靈敏度，就知道有常體系的科學要發展到什麼程度，才能發明出像蚊子一樣這麼靈活的智能！即使我們將來能模仿出來這種智能，但都很難縮小到像蚊子這麼小。

第柒節

　　無常體系很神奇，這是在智慧領域研究。而知識只是嘴巴上說的功夫，只是把一些東西說得好像很符合邏輯而已。就像前面講到的那個教授，他家破人亡是因為在無常體系裡他處於無能的狀態。就是因為他有一天早上起床後，只找到一隻拖鞋，另一隻沒找著，因為他的時間很緊都是計算好的，於是他就只好穿著一隻拖鞋去洗漱。這個意外就屬於無常體系，有常體系是可以規劃設計的，而無常體系是沒法規劃設計的，總會有很多意外發生。

　　這時候這個教授的情緒就已經開始受到影響了，而情緒也是屬於無常體系，包括讓我們打瞌睡的能量也都是無常體系管的，讓你睡覺的能量不是知識體系管的。什麼時候該睡覺，那能量就來了，什麼時候該睡醒，那能量就走了。包括你的情緒也是一樣，你的心態一會兒好一會兒不好，因為有常的知識體系掌管不了我們的情緒，只有無常的智慧體系才能掌管情緒。這就是為什麼科學家也會情緒失控，政治家也會情緒失控，因為他們沒辦法掌握這個體系。

　　所以當這個教授帶著失控的情緒去刷牙，動作就會比平時大一點，就把牙齒整出血了。他一看吐口血出來，心情就更不好了。接下來穿衣服，由於心情不好擺動衣服的動作也更大了，動作一大就把剛買的一個很值錢的古董碰掉摔碎了。這個就更無常了，情緒也更受影響了。這時候他的小貓咪來了，這貓咪是他平時最愛的寵物，是他的小情人。小貓咪過來撒嬌，平時他看到了肯定是抱在懷裡親，平時是這種節奏，但今天還有這種節奏嗎？今天是無常領域在跟他開玩笑，在有常領域裡他已經完全失控了，這時候是無常領域在接管他的身體。

我們的身體是兩個領域同時在管轄的，有時候是有常的知識領域在管，有時候是無常的智慧領域在管，這兩個領域隨時會切換。對於這個教授來說，這時候剛好切換在無常領域了，在無常領域他是不知道情緒能量怎麼產生怎麼運作的。我們的七種情緒：喜、怒、憂、思、悲、恐、驚，就是七種程式套件，每種程式套件的編碼是什麼樣的他完全不瞭解，所以他根本就沒辦法去應對他的情緒。

所以這時候當小貓咪過來撒嬌的時候，他在情緒失控的狀態下，一腳就把貓咪踢飛出窗外去了。當貓咪飛出窗外發出了慘叫時，他瞬間後悔了，心裡特別難過：我今天怎麼這樣啊？帶著這種自責、痛心的情緒，他去車庫開車，結果又掛錯了擋位，車一下子撞到車庫牆上，這時候他的情緒更加糟糕透頂了，但還是繼續把車開上了路，因為他的時間都是安排好了的，無論如何必須按時趕去參加一個非常重要的會議。但是這時候他開車已經無法集中思想了，頭腦裡想的都是他摔碎的古董，慘叫的貓咪以及剛剛撞壞的車。結果，才開上路沒多久，他就出車禍了。後來進了醫院，由於這個教授的名氣很大，一個年輕貌美的小護士非常崇拜他，就對他特別悉心照顧。結果他又和小護士發生了婚外情，然後和他的老婆反目成仇，最後搞到家破人亡！

一切都從僅僅是一隻拖鞋沒找到而情緒受到影響開始，然後一步步發生了這許許多多的事情，所有這些都是他有常的知識體系駕馭不了的。雖然在知識體系裡面他是一個在學術上很有成就的教授，但在智慧體系裡面他還是一個什麼都不懂的小孩。

我告訴在座的各位，無論你們年紀多大，每一個人活著的每一天都是無常體系和有常體系同時在管理的。每個人都在其中，每個人都逃脫不了，這叫一陰一陽之謂道。所以不管你的知識、你的學問再高，我覺得夠用就行了。聯合國教科文組織近年宣佈，我們科學界過去一致公認的科學定律有上千條已經被現在的科學發現推翻了。說明什麼？說明科學知識體系是有不斷發展、不斷完善的成長過程的，並不是最終的真理。除了你要做專家學者、科學家之外，對於一般的老百姓來講，我認為知識夠用就可以了，我覺得我們應該多分點精力出來研究無常體系。

所以我為大家打造了一個九行運命的無常體系的學問，我將為大家逐步深入地來彙報這個體系，因為無常體系非常宏偉。但是這個體系你一旦掌握了，你就能掌握你的健康，能掌握你的命運，能掌握你的生命。你的心跳、你的呼吸、你的血液循環都是這個無常領域在掌握。你的身體哪個地方聚集了癌細胞，它裡面都有個程式套件，這個程式套件都是無常領域在編碼。我們今天很多人普遍的抑鬱也一樣，裡面也有一個抑鬱的程式編碼，都存在無常領域裡。

這個無常領域只有社會上最優秀、最頂級的精英才有興趣去探索的，而普羅大眾往往就在有常領域玩點知識學問就滿足了。但是不好意思，各位，一陰一陽之謂道，只是在有常的知識體系裡面，你學問再高你都掌握不了你的命運，因為命運是有常和無常共同配合管理的。這就是很多人解釋不清楚的困惑：為什麼我沒錢？為什麼項目幹不起來？為什麼我這麼不順？也許這就是無常的神秘力量在用這種方式召喚你去和他見面，有可能是這樣，想讓你去接觸無常領域。

如果他讓你當官發財，但是你的認知如果認為一切就只有一個知識體系，那就僅僅掌握了一半。你的靈魂會覺得不圓滿，覺得應該要讓你掌握另一半。但是你很有錢，平時花天酒地的，哪裡有時間來聽治心老師講課。所以無常的神秘力量就可能把你的錢收走，讓你走投無路，讓你知道有個無形的東西在掌控你，最後就來到這裡聽生命真相了。也許你的不順正是因為上天準備把一個更大的禮物送給你呢！因為一旦你掌握了這個學問，你就會掌握你的命運，就會心想事成。

成功學裡面講的心想事成是假的、洗腦的，因為它是在有常領域裡面玩的邏輯推理，而不是無常領域裡面的東西，只有中國老祖宗的聖賢經典才講到了無常領域。所以成功學忽悠人可以，但是不管用，花再多錢學都沒用。包括過去流行的那些課程，每個人收費幾十萬甚至上百萬，都是講的有常領域的知識體系裡面的東西，至於無常領域他們是搞不懂的。無常領域和學知識完全不一樣，是反過來的，道德經講了"為學日益，為道日損"，就是說必須以反過來的方式才能得到他。

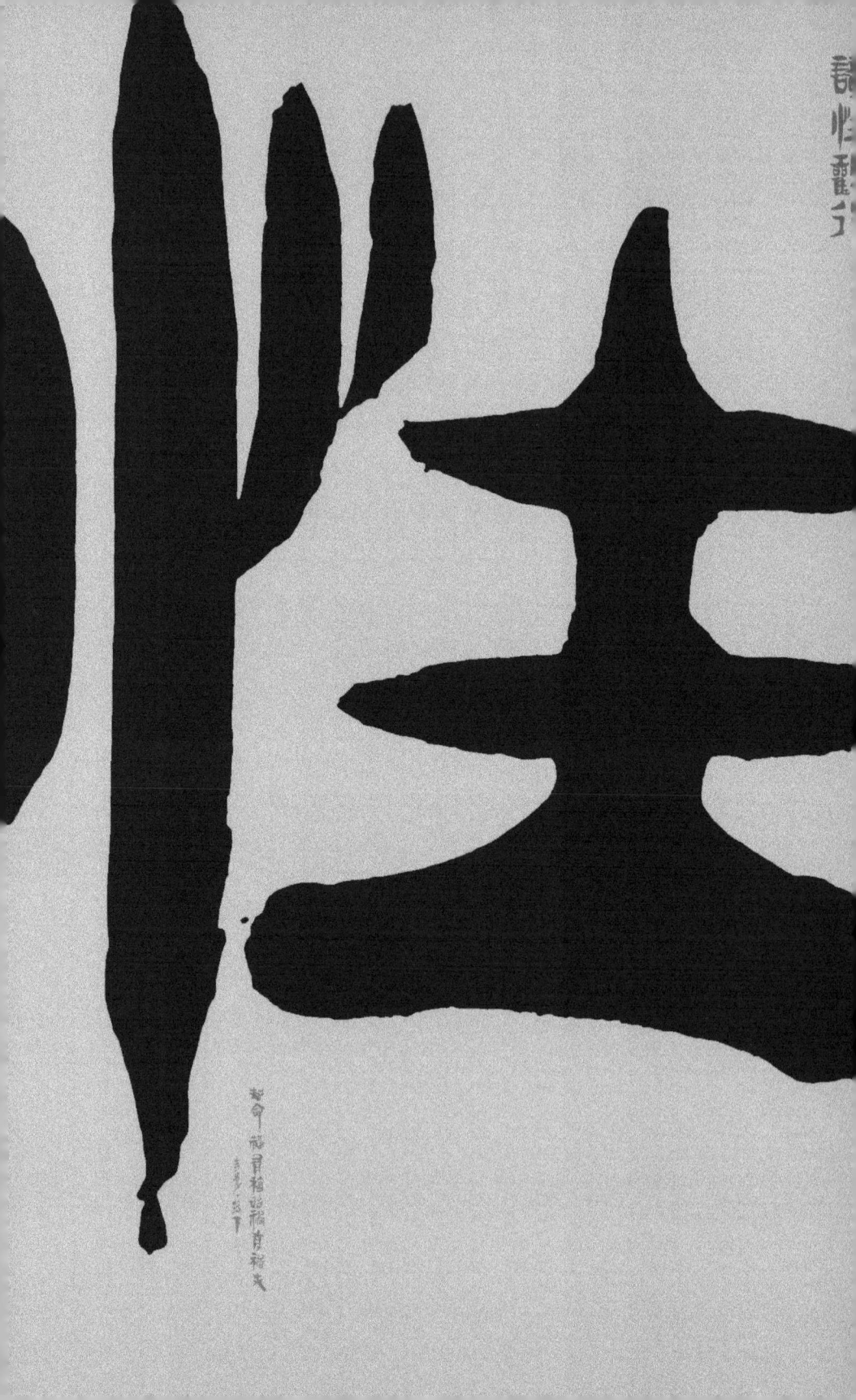

第 **貳** 講

決定個人命運乃至國家興衰的三種驅動模式

生 命 道 路 如 何 走

對 抗 模 式 難 解 憂

合 作 互 補 悉 受 益

天 下 大 同 樂 悠 悠

生命道路如何走
對抗模式難解憂
合作互補柔受益
天下大同樂悠悠

驅塵模寺 燕華·方平

不同的驅動模式會帶來不同的結果

我們講識性觀行，從識性的角度，我們在驅動我們的知識和能量進行運作的過程中，主要有這麼三種模式，其中第一種是最常見的，就是對抗性、抗爭性和競爭性的模式。這個競爭模式就是所謂的認為沒有競爭就沒有進步成長，這只是在有常體系裡面的一種說法，這只是局部真理。我們人類為了戰勝自然，實際上很早就啟動了這種對抗性模式。就包括很多夫妻之間都會啟動這種對抗性模式，經常爭個你錯我對的。還有很多企業之間甚至國家之間都在強調對抗性、抗爭性和競爭性。在天地自然之間，還有一種模式，是互補性、互動性、滋養性的模式，第三種就是整合性、融合性、療愈性的模式。

那麼在這樣一個生命遊戲系統裡面，你使用不同的模式，就是指你用不同的心態去使用我們的能量，你用不同的態度去使用我們的知識，由此給我們人生帶來的結果是截然不同的。比如善良，你觀察那些善良的人，那些傳承了善良的家族，他們的日子就要比那些不善良的家族好。這個不是憑空想像的，是有事實依據的。你看過去的地主階級，其中有些地主人是很好的，雖然在運動中一刀切了，但是你會發現他們的子女在運動過後，在改革開放後又是這個社會裡活得最好的。

所以這種力量始終是綿延不斷的，就像

我們要通過我們的生命去證悟我們要走的，絕不是對抗性模式，而是互補性模式，就是上天講的善良。我們要傳承中國善良的文化，這樣我們這個民族、我們這個國家就一定會有美好的未來。

那個水一樣，本來是正常流動的，突然被一塊大石頭擋住了，水暫時不流了，但這只是時間問題，總有一天水又漫過大石頭流動起來了。對吧？你會發現善良家族的子女只要過了被打壓的階段，時機一到，又會成為社會裡最成功的群體。這說明什麼？說明善是有強大的力量在背後的，所以老祖宗始終強調行善積德，這就是我們驅動知識、驅動能量的一種好的模式。

如果你用對抗性的惡的方式去驅動，也會帶來相應的結果，這樣人際關係就會緊張，夫妻之間也會產生隔閡，企業之間也會相互防範，國家之間也會互相視對方為敵人。就像今天某國把某國當成敵人，他們就會用舉國之力來發起挑戰，這樣發展下去的話，沒有誰能夠獨善其身，最終遭殃的是各國普通的民眾。這就是啟動的模式不對，它是一種對抗性、競爭性的模式。

但是我們老祖宗講的傳統文化是一種互補性、互動性、滋養性的模式。為什麼有很多預言都講：二十一世紀世界的希望在中國？其實就是和中國的傳統文化緊密關聯。中國的傳統文化就是講互補互助，不是講對抗競爭。對抗性、競爭性的模式會導致資源耗費，凡是啟用這種模式的國家，他們寧願把資源浪費掉都不給你用。比如有些國家當發生經濟危機出現產品過剩時，他們寧願產品腐爛倒掉都不給窮

40

人。為什麼？現在給你了，以後生產的誰要啊？這就不是一種互補互助的模式，而是一種對抗性、競爭性的模式，它考慮的只是自己單一的利益。由於我們受到某些不良文化的影響，今天整個中國社會其實也都在無形中啟動這種對抗性、競爭性的模式，講狼性文化，講征服力。家庭是社會的縮影，你看夫妻之間吵架都很厲害啊：我是對的，你是錯的！

如果這種模式是對的，就不可能出現預言講的：未來的希望在中國。如果這種模式是對的，那就應該未來的希望在那個提倡並實施對抗和競爭的某發達國家啊！怎麼可能在東方中國呢？尤其是某發達國家本來就很強大，按這個模式發展下去，就應該在本來強大的基礎上更加強大，對吧？因為我們要民族自信、文化自信，所以我們往往是把自己的長處拿出來給自己長自信，但實際上我們和某發達國家的差距依然很大。

如果不是無常的力量干預，中國作為一個發展中國家，要靠中國人正常的勤勞來超越某發達國家，可能一百年都做不到，因為人家在哪方面都比你強。有預言說中國將在未來成為世界第一，如果按正常邏輯，我認為可能再過多少年也不行，那預言根本就無法應驗，那既然要讓預言應驗，就得有無形的力量來保護中國快速發展。

鬥轉星移，天道輪回，以史為鑒，可知

興替。就像《三國演義》裡一樣，當初天意在曹操身上，所以曹操風生水起，號召天下的能力很強。後來曹操心態不好，啟動的模式不對，他誤殺掉朋友時狂言："寧可我負天下人，不可天下人負我。"這實在太狂了，所以上天就拋棄他而另外選了劉備。你看選曹操統一中國是不是成本最低？因為曹操有能力啊，社會地位也比劉備高得多，所以從一個國家統一的角度講，選曹操成本最低。選劉備成本就大了，他是一個賣草鞋的，你要選他來當統一國家的主子，那得耗費多大的代價來培養啊？得耗費多少資源發動多少戰爭才能把他的威望樹立起來啊？所以選劉備是上天極不情願的事。但曹操確實不是一個符合天道的人，如果把這樣的人扶持起來就是違背天意，因為他太狂，不講仁義，只講競爭、殺戮、征服，根本不符合天意，於是曹操就從上天的寵兒變成被利用來平衡局勢和保護劉備成長的角色了。

因為乾坤的運作是有秩序的，一切的背後都是有系統在安排的，只是我們今天的科學沒法找到是誰在背後安排。實際上幾千年來，社會上最優秀的人才，包括老子、孔子、孟子、釋迦牟尼、耶穌、蘇格拉底等，他們都認為有天道存在。這些年科技發展了，有一部分人就狂妄了，覺得科學才是唯一的發展生產力的武器，他們只看到了一部分，卻沒有看到整體的乾坤運作。

　　按照中國古代著名的預言書《推背圖》，每當到了朝代更新的時候，現有的朝代儘管看起來好像銅牆鐵壁一樣強大，新生的力量好像根本取代不了，這時候往往在關鍵點上就會發生很多人們想不通的事，這樣的歷史事件很多。其實所有這些都是無形的力量出來干預的體現，從而讓局勢失去平衡，然後就隱去了，而你卻感覺不到他的存在。我們人生也一樣，每個人至少都有兩三個關鍵點，這兩三個關鍵點就決定了你一生當中重大的發展方向。我們只要回憶一下就會發現，我們人生當中的幾個關鍵點其實都有無形的力量在幫我們撥正方向，這種力量是存在的。

　　學習傳統文化的人也要講自我成就的，否則活著有啥意思？一定要有自我成就。自我成就體現在好幾個方面，首先是自我價值的確認，其次是人生價值的書寫，最後是生命價值的綻放，每個層面都要體現出來，就是說每個層面都要活出成就。自我價值確認就是自我價值成就，它屬於精神成就，那麼我們就要學習，但是如果一輩子都是學知識體系的東西，那也很悲催。我們得有這樣的福報，喜歡學習，同時又能學到知識體系以外的智慧體系的東西。

　　你們當中有很多人之前沒有接觸過傳統文化，因此不能一下子給你們講得太深，只是按照你們能聽懂的語言和能接受的程度給你們先做一些適當的啟發，實際上你們對這個智慧體系想要能真正地做到深入的理解和操作是需要一個過程的。考個大學你都要寒窗多少年，才能考上一個知識體系的大學。這個智慧體系更龐大更精深更微妙，關鍵看個人的悟性，悟性好的人可能兩三年就通達了，悟性不好的人可能二、三十年都沒通達，經典裡面甚至講要三大阿僧祇劫才能通達。這就是每個人的根器不一樣，有人愛學不學的，你能用時間衡量嗎？所以學了很多年不代表你學會了，那並不能說明問題。天天學佛得看你學對沒有，這確實值得研究。就像那一堆磚頭，我們正常來講應該兩個小時能搬完的，但兩個小時只是參考值不是絕對值，因為我可以兩個小時搬完這堆磚頭，也可以一年才搬完，如果我愛搬不搬的，甚至多少年都搬不完。

學習傳統文化想在智慧領域有所成就不是按時間算的，但在傳統文化裡面，你只要很上心，方法對，就可以三年一轉折，這個肯定會出現。就是說三年就可以洗刷一個新的命運，這個是可以的。比如你過去命不好，三年就可以洗刷，這是可以成就的。當然三年也只是參考值，關鍵要看這三個方面：一是學習方向必須是對的，二是你本人需要很努力學習，三是指引你的老師必須是真正懂的，不是搞迷信的。這三個方面把握好了，那麼三年時間你是可以有成就的。

我們的《九行運命》講完一遍要一年半，再重複一次就是三年了，時間很快，但這三年對你太重要了，如果我們不接觸這個領域，活了三十年也沒成就啥啊！對吧？有人說我工作很忙，關鍵是你知道你忙對了沒有？如果沒有忙對，那只是一個慣性在那裡忙。有些人也在學習各種課程，然而這個學習裡面也是百花齊放的啊！都說好好學習就能成功，可是你花了很多金錢、精力學了多少年也沒有成功。為什麼？最後你才發現那個老師也沒有得道，這就是你要冒的風險。萬一你遇到的老師果真沒有得道，那麼這三年的時間就是把你忽悠了。這就要看你的善根、福報、因緣是否具足，這裡面有太多的微妙了。

可能你們當中有接觸過傳統文化的人知道一點，你要想真正達成自我的成就，這是要找對老師的。當然我們說經典就是老師，但經典都是古文，沒幾個人能真正看懂，老師在那裡等於是啞巴。你要能在世間遇到一個真正通達的老師這是要看因緣的。所以我們講自我成就，不是發點財，這只是成就的其中之一。但是我們今天把發財當成取代一切的成就了，將是否成功和金錢多少劃上等號了，這就太偏激了。我們人生全方面的生命綻放不是只看金錢的多少，很多有錢人除了錢多以外其他方面都不理想，他們自己都承認自己不幸福。

很多人都不知道掙錢幹啥，他們不明白我們努力拼搏幹的一切最終還是為了幸福。他們往往開始的出發點是為了快樂幸福，但他們玩玩就把快樂幸福的目標丟了，最後只認那個工具本身了。我們都需要有一定的經濟自由，一定的價值體現，然後就會感到很快樂，但我們搞搞就把手段當成目標了，為手段而活了，整天迷在錢裡面了，把真正追求的幸福快樂丟了，也就是把這個本質丟了。如果說人有靈魂的話，他會不會干預你的命運？他一旦發現你走的方向是把手段當成目標了，他可能就會干預你，你就會碰壁摔跤。最後你還想不通自己為啥摔跤啊？

　　什麼叫自我成就？關於這點我們在座的各位不妨好好反省一下，如果還是認為自我成就　僅僅關乎金錢數量多少的話，那麼我們肯定還會摔跤。到底有沒有智慧周全、真正終極的自我成就呢？到底宇宙認為的自我成就，真正的自我成就是什麼呢？這些都需要我們去思考去悟一下。比如過去講五福臨門，這個就比單一的只講金錢數量多少科學多了，是吧？這種自我成就應該是比較全面了。其中講的善終，今天錢多善終的人沒幾個吧！說明啥？說明這種自我成就是錯誤的，他不是真正的自我成就。你看過去講富不過三代，我們今天哪個富了三代的？有的富了一代都沒有，有的就富了兩三年，很多人閃電式地富起來然後又閃電式地變成負數的"富"。

　　我們今天很多人用自己的生命在尋找什麼是自我成就，如果有靈魂存在，你對自我成就的理解如果只是金錢，那麼你和你靈魂的理解就是矛盾的。這樣的矛盾最終是誰說了算？各位，肯定是靈魂說了算！靈魂要你明白反省就會給你製造麻煩，麻煩就是機會。如果不給你製造麻煩，你還覺得自己的小日子過得挺滋潤呢。你以為自己是對的，那麼這種情況下你就不會有反省的時候。

在座各位，我一直對你們這個群體是另眼相看的，過去我是不出門講課的，所有要聽課的都要去我那裡。因為我的事太多，來回跑一趟，路上的時間占了太多，這樣就影響了做其他事。光講課還好，三天的時間，但路上一來一回又是三天的時間，這樣有一半的時間就耗費了。深圳有家上市公司幾千人請我去我都沒去，其實路上也就一個小時，我說你的高管可以安排到我這裡來。不是我不願意去講課，是目前我的規劃沒辦法出遠門。等我把手裡的事做完了，我就有時間了，到時候不回家整天在外面都可以。

為啥這次我就出門了呢？就是我珍惜你們這批人。中國要強大起來，乾坤運作的無形力量也要培養人才，我們的人才不是都在大學校園裡培養的，很多人才是在社會中培養的，乾坤級別的人才都是在社會中培養的。

中國崛起的第一批人才是毛主席帶領打江山的，這批人是在農村培養的，特別能吃苦，因為幹革命需要一批特別能吃苦的人。當時國民黨內部的社會中產階級以上的那一批人，日子過得不錯，這批人不可能成為讓中國站立起來的人才。如果我們把一個民族國家比喻成一個公司的話，當時中華民族這個公司已經破產了，資源被搶完了，圓明園也被燒了，而且每個人還要平攤多少錢來賠。那時候我們連今天的公司待遇都沒有，今天的公司破產了就算了，那時候不但被搶完了，被燒光了，還要賠天文數字的鉅款。那時候選毛主席當總裁，雖然他很能幹，但巧媳婦難為無米之炊，總裁也要有米吧。怎麼辦？這時候就要有人配合來創造奇跡。那麼這批人從哪裡選？從農村選，就必須要選一批特別能吃苦，能用小米加步槍打敗飛機加大炮的人，那時候上天就是要選這種級別的人才。這樣我們國家終於重新站起來了，公司重新掛牌了，雖然沒有資產但還是掛牌了。

接下來的任務就要發展經濟，因此又要儲備一批人才。上天從什麼時候開始儲備呢？從文化大革命上山下鄉開始儲備，把這批人輸送到農村鍛煉。這些人表面上倒霉了，實際上我們並不理解這個運動，那是因為上天要讓中國實現第二次騰飛就要儲備第二批人才。這個時候儲備的人才不可能是農民，農民只是能吃苦有一股憨勁，這股憨勁就敢於用手榴彈和飛機大炮幹。但是發展經濟不是純粹靠憨勁就能幹的，於是就要儲備第二批人才，就是促進中國經濟騰飛的人才，所以就要挑選有頭腦能搞經濟的一批人全部弄下去鍛煉。他們在農村吃了很多苦，經受了無數的歷練，返城後都開始逐漸在各行各業裡面挑大樑。儘管在國營企業裡面，大集團裡面當領導，他們都從不浪費，都很勤儉，吃苦耐勞，又很能幹，就是這批人後來作為核心主力參與創造了中國幾十年的經濟輝煌。在短短的時間裡超越很多國家上百年的創造，如果沒有這批人是不可能實現的。你想想，如果換作是現在的有些受不良文化影響，透支消費，沒有吃過苦也不願意吃苦的年輕人，他們能創造出這幾十年的經濟輝煌嗎？顯然是不可能的。

那麼現在中國將迎來第三次騰飛，第三次不是經濟騰飛而是文化騰飛，因此又要挑選第三批人來推動中國文化走向全球，所以將來中國文化會成為全球第一大產業。什麼房地產、人工智能都不算了，將來第一大產業就是中國文化。按照預言講的，中國文化將無有遺野傳遍天下，也就是全世界每個角落都有中國文化。這在諸葛亮的《馬前課》第十三課裡寫得清清楚楚，早在兩千年前就預言了。這就是要培養第三批人才。你分析一下中國的人才結構，現在活在頂層的這些人的子女能幹這些事嗎？他們受不良的消費主義影響，吃不了苦啊！不良的消費文化都把這些人變成軟男了，他們擔當不了第三次中國文化騰飛的使命。再看農民工這個群體，他們打天下可以，幹文化不行，因為各方面的教養、經歷都跟不上，所以這個群體也不行。另外，教育群體也不行，因為教育群體被工業時代的教育模式捆綁得很痛苦了，所以體制內的老師也幹不了這些事，他們都承擔不了這個推動中國傳統文化走向世界的使命。

那麼哪些人能幹呢？我用這個詞不是不尊重，那是最高待遇——金融難民！因為這批人是上天要從他們裡面為第三次騰飛挑選人才的。為什麼這批人最合適？因為這批人曾經有錢過，有見識，什麼上百萬的課程都聽過，雖然那些課程是忽悠的，但是起碼也長過見識，都玩過。他們看問題的眼界要超越農民工，精神境界相對更高，而且他們吃的苦比農民工還要多。今天的金融難民就是已經落寞的中產階級，中產階級應該是國家的脊樑，他們是連通兩頭的，恰恰今天中產階級處在被歷練的狀態。現在是兩頭日子好過，打工的人以及頂層掌控資源的人日子好過。中間脊樑這層都在套信用卡，都在還貸款，其實就是要通過這些培養他們的心智能力。

上清華大學、北京大學是培養不出來的，那只是培養頭腦知識，培養不了心智能力，心智能力是要在社會中歷練的。因為將來乾坤支柱的文化人才都要在這個群體裡面挑選，這個群體的年齡、經歷都是最合適的。年齡大了心有餘而力不足，年齡小了則幼稚，沒經過歷練，整天還啃老。這個群體有磨難，有擔當，有堅守，中國文化的輸出就將從這個群體裡挑選大量的人來擔當此事。他們就和當年

知識青年上山下鄉培養的人一樣，再成功他們
都不會高傲，因為他們早就已經領教過上天的
力量了，他們會很低調，不狂妄，因為早就被
無形的力量搞得很慘了，吃盡了苦頭，以後給
他們再大的成功都會心態很正常了。

　　那麼我們應該怎樣把握好這個機會呢？
識性觀行講了三種性，我們就要通過我們的生
命去經歷去證悟我們要走的，絕不是對抗性模
式，我們要走的是互補性、互動性、滋養性的
模式，就是上天講的善良。我們要傳承中國善
良的文化，這樣我們這個民族、我們這個國家
就一定會有美好的未來。四大文明只揀選了中
華文明，其他都毀掉了，只有中國才完完整整
的把這個文明傳承下來了。那麼我們要將中國
優秀傳統文化進行創造性轉化，創新性發展，
與時俱進開發一些新的課程體系，將來走向全
球。

觀 識
見 性
行

第叁講

從三個維度來認識我們的生命

肉　身　非　我　我　是　誰
靈　魂　建　囿　命　體　匯
執　著　感　受　千　千　結
放　空　三　千　大　世　界

肉身非我我是誰
靈魂建圓命體匯
執著感受千千結
放空三千大世界

三位一體

無量沙千

第壹節

什麼才是我們真正的生命和目標追求

我們最神秘的存在就是生命，那麼生命到底具體是什麼？我們擁有生命但是我們卻不一定能夠認知生命。我們很多時候是以一個有形的狀態來認知生命，比如說我們的身體，當然還有動物的、植物的身體，那麼這就是一般情況下在這個自然的呈現裡面我們所認知的生命。但那是不是真正的生命呢？如果對什麼是真正的生命我們沒有認知到，那麼我們可能就會因為對生命本身認知的不清晰，從而會經歷一些想像出來的煩惱，不存在的煩惱，比如說生老病死。如果我們把生命等同於肉體，那麼我們就有理由去悲傷，就有理由在面對生老病死的時候去難過、恐懼。但如果說肉體不等於是生命，那麼我們可能就會有另外的答案。

與此相關的另一個話題，就是人的生命到底會不會死亡？到底有沒有所謂的輪迴？如果我們能確認人的生命不是肉體，而是肉體當中的精神，或者是一種無形的能量，那麼我們需要知道沒有任何東西是能傷害精神的，就是刀山火海也無法傷害精神，目前我們這個宇宙還沒有發明出任何尖端科技能傷害精神。肉體可以被傷害，精神卻傷不了。如果精神等於生命，那麼整個宇宙中就沒有任何東西能傷害生命。那麼我們面對生老病死的痛苦，很多時候

你每天自稱的這個"我"到底是指你的肉身呢？

還是指在你肉身裡面活動的靈魂呢？

還是指你肉身裡面那個具備感受的功能呢？

如果不提醒你，你可能永遠不會去思考這個"我"到底是指誰！

其實就是在於錯誤認知所導致的"自我傷害"。

那麼身體是幹什麼的呢？身體不是生命，但它是很重要的感受法器。它能給我們提供各種感受，其中我們想要追求的一種感受就是快樂和幸福，正是因為有身體，它能把這種感受給到我們，因此我們能體會到這種快樂和幸福的感受。我們創造了很多遊戲，不管是掙錢的遊戲還是談戀愛的遊戲，我們都有一個目標是共同的，那就是尋找快樂和幸福的感受。所以追求快樂和幸福的感受才是我們無形層面的生命，或者說才是我們的靈魂所追求的真正目標。

追求財富本身只是手段，而獲取在群體當中的存在價值，在團隊當中你本身能力的展示所給你帶來的那種感覺，這種價值感和存在感，才是我們的精神或靈魂想要去體會的。我們就沖著這個，用盡各種方法去滿足它。比如說買一輛車能給我帶來這麼一點感覺，我就會想方設法去買車。比如說買套大房子能給我帶來這種感覺，我也會想方設法去買房。比如說我在一個團隊裡能成為領導人，從而能給我帶來價值感、存在感、榮耀感、快樂感、幸福感，那麼我就會努力表現成為這個團隊的領導人。所以我們到這個世界上來，只圍繞一個目標轉動，就是給予我們的精神或靈魂以豐富的感受。

所以我們創造了很多的遊戲，包括我們做各種項目的遊戲，都是讓我們在這個過程當中找到這種幸福感。所以我們剛剛出發的時候，我們知

58

道我們是沖著幸福去的。為什麼我要做這個項目？因為我的內在知道，在做這個項目的過程中，我能體會到豐富的、美妙的、幸福的、快樂的感覺，我是沖著這個去的。但是走在路上的時候，走著走著我就忘記了，我忘記了我是沖著幸福這個目標去的。當我們忘記了這個最初始的目標，而只有實現財富的目標，實現名利的目標，這時候我們的目標就出現了轉移，目標出現轉移就會出現虛假的人生追求，針對靈魂來講，那不是我要的，那是虛假的目標，在我們傳統文化裡有個詞來形容叫執著。

當我們能清醒過來，我們從小孩成長到中年人、老年人一直到我們丟掉這個肉身，我們能明白每一個人真正要追求的就是這種幸福感。當然幸福有N種元素來注解，比如兩個人之間的友情也會帶來幸福感，一個團隊的成員之間彼此相親相愛，不在於這個項目能否做成，而在於做項目的過程中你給我帶來的感覺，比如你帶來的安全感、可靠感、擔當感，這種體驗就是靈魂想要的，這就是靈魂所要追求的目標。

所以傳統文化的核心很簡單——就是怎麼做人！因為你如何做人就會給人不同的感覺，你過於自私自利必然給人的感覺是不爽的，那麼靈魂就知道這個人不是我要的。所以傳統文化講做人在前，做事在後。往往我們和一個人做事是憑感覺的，其實根本不在意這個事有沒有做成。所以能和帶來好感覺的人一起做事，靈魂說這本身就是幸福，我已經得到了。可人格卻說要賺到多少千萬多少億才叫幸福，那麼靈魂也不反對，他認為你的目標越大，我跟我喜歡的人在一起的時間就越長。人格設定的目標越大，我們在一起互動的時間就越長，對靈魂來講他享受的幸福感覺就越多。所以靈魂不反對我們的人格設定宏偉的目標，但是他並不在意目標是否實現，因為在整個過程當中我們始終相愛，這比抱著一座金山但我們卻不相愛最後遺憾終身要好無數倍。

　　所以幸福怎麼來敲門？朋友們！《當幸福來敲門》這部電影裡面演了好像一個人獲得了什麼成功，但是這些並不重要，實際上靈魂知道每一個不一樣的感覺就是幸福在敲門，甚至兩個人對視的時候一剎那的眼神讓你很受用就是幸福在敲門。感覺本身就是靈魂想要去創造、去經營的項目，這就是無形生命想要真正去經營的項目。如果我們不清楚這個目標，那麼我們就會把手段當成目標，這樣我們的思想就會發生變異。因為我們不知道我們是來追求感覺的，我們已經把目標偏移到具體的財富或世間要追求的某種成果上了。我們錯誤地理解那個目標就叫幸福，實質上幸福就在追求目標的過程中，每分每秒、每個當下都在給你兌現幸福，而不是要等到遙遠的未來才給你兌現。對於靈魂來講，他就覺得這一生活得很值，覺得這一生很滿足很踏實。

如果我們幹一件事情是要在未來什麼時候才兌現幸福，那麼就說明我們要反省，可能我們把方向搞錯了。如果方向錯了，那麼我們驅動能量的驅動意識，也就是思想，會跟著錯。當思想錯了，他就會驅動我們的生命能量一直錯下去。如果所有人的思想都錯了，人就以為自己的思想沒有錯，因為大家都是這樣的思想，這樣我們就不會反省我們的思想有問題，而只反省我們的方法是否有問題，實質上方法本身是在思想的基礎上產生的。所以老祖宗有句話叫"行有不得，反求諸己"，這不是從方法上來反省，而是要從思想上態度上來反省。

　　傳統文化是很微妙的，有些事情在小孩身上很清晰，在我們成人身上反而比較迷糊。我有一天在成都準備去講課，但是我不知道具體要講什麼內容，當時我在街上走的時候，突然有個小女孩滑了個滑板就過來了，然後站在我面前說：

　　"叔叔，我發現了一個奧秘！"。

　　我問："是啥呀？"

　　她說："我發現我們人都被一種魔力控制！"

　　當時我覺得這小孩怎麼會說出這樣的話，就問她是不是玄幻小說看多了？她說不是的，這是她自己感悟的。我就問她是啥魔力呢？

　　她說："我發現，現在這個世界上的人整天忙碌，都被一種叫貪嗔癡的魔力所操縱了！"

　　為什麼貪嗔癡會成為操縱人的魔力？而且幾乎在每個領域的不同層次的人都被操縱，甚至包括一個國家的首腦都被操縱。我研究了很久，難道我們人都沒智慧嗎？怎麼會莫名其妙被一種貪嗔癡就操縱了呢？貪嗔癡操縱人以後，會造成什麼結果呢？這個結果在傳統文化裡就叫做人生八苦。老祖宗說你只要啟動貪嗔癡慢疑就會有人生八苦。

　　貪婪這種驅動意識所帶來的生命體驗和我們要追求的幸福感覺是不能劃等號的，你看我們相處時如果啟動的是"貪"這個思想，那麼我們就會相互防範，這是不可能帶來靈魂所需要的幸福感的，而我們靈魂追求的就是幸福感。所以當你啟動"貪"，你會發現我們在一起就沒有幸福感了，這就違背了靈魂所追求的目標。

當你啟動"嗔"，就是嗔恨，如果你的想法不被對方認可，你的脾氣就不好了，你就會使用暴力手段強制對方服從，這時候對方好像被你征服了，但是這並沒有帶來幸福感。

而這個"癡"呢，是"病"字頭下面一個知道的"知"，指錯誤的知見、妄見。當我們去跟別人交流錯誤的知見時，別人一聽，好像你講得頭頭是道，但是對方的靈魂知道你的知見不究竟，對方就不可能感受到法喜充滿的幸福感。

那這個"慢"呢，就是傲慢，你說跟一個傲慢的人談戀愛會有幸福感嗎？跟一個傲慢的人一起相處會有幸福感嗎？顯然是不可能的。

最後還有一個"疑"，就是懷疑。你說你和一個人相處，他整天對你疑神疑鬼的，你能幸福嗎？有信任感嗎？當信任感沒有了，靈魂要追求的感覺也就沒有了。

所以你會發現用思想作為我們的驅動意識，驅動我們的能量展開我們言行舉止的創造，展開這個創造的目的是通過人與人之間的互動，產生微妙的幸福感覺。但是如果驅動意識出問題了，這些微妙的感覺就通通產生不了，反而讓對方反感、討厭。當我們用"貪嗔癡慢疑"這種驅動意識去跟人打交道，包括夫妻之間相處，子女之間相處，同事之間相處等等，我們發現這個因果報應是當下呈現的，當下就呈現不舒服的感覺了。你還要等到什麼時候來因果報應嗎？當下就報應了。這就是驅動意識出問題了。

所以為什麼傳統文化裡面講：一旦啟動"貪嗔癡慢疑"作為驅動意識，創造的人生成果就是八苦。首先就是生、老、病、死這四苦，我當時一看到傳統文化經典裡這樣講的時候，心想這麼苦人還活著幹啥啊？還不如趕快自殺算了！所以我一直在研究，雖然經典裡說人生來就有八種苦，但是我是一個不安分的人，我就想如果有靈魂存在，那麼我的靈魂明明知道這麼苦幹嘛還要來呢？那麼就一定不是來吃這八種苦的。我就一直在研究這個問題，如何解決和破解生老病死之苦？這四個方面可以籠統地概括成"康寧"這兩個字，這是"五福臨門"當中的一福。"康"代表身體不生病，"寧"代表心靈和平安寧，心靈和平安寧本身就是福。如果我時刻都享受"康寧"這一福，那生老病死於我而言就沒有太實質的意義了。因為我時刻都是健康安寧的，就連我離開這個肉身的時候心靈也是安寧的，那麼我就破解了人生的生老病死這四苦。

死之苦貌似不好破解，但是你一旦想明白，肉身只是一個生命或靈魂尋找感覺的身心法器，那麼你就好理解了。因為肉身並不是真正的生命，在肉身裡活動的那個靈魂才是真正的生命。那麼靈魂在肉身裡活動，他要得到的就是這種受用。這種受用很多啦，包括什麼存在感、自在感、價值感、快樂幸福感等等，這些感覺就是靈魂所要的，而我們的肉身這個身心法器就提供了這種感覺給靈魂。

各位，平時我們講到這個"我"的時候，實質上你的概念是模糊的，你這個"我"到底是指你的肉身呢？還是指在肉身裡面活動的靈魂呢？還是指你肉身裡面那個具備感受的功能呢？這是模糊的。我們平時用這個主語作為代號展開我們的生命活動，但實質上我們對這個主語"我"本身是模糊的。各位，我如果不提醒你，你可能永遠不會去思考這個"我"到底是指誰！如果這個"我"本身就模糊，那麼他追求的東西難道就不模糊嗎？因此我們在這個模糊的"我"的基礎上去規劃了很多所謂追求幸福的東西也就是模糊的。

據我自己的研究，這個我至少包括三個層面的我。第一個就是生命本體之我，就是這個肉身。你在使用肉身，但這肉身是不歸你管的。比如呼吸你就管不了，我們的大腦意識管我們的生活、學習、工作，但管不了呼吸。你認為呼吸不需要管理嗎？沒有呼吸就沒有生命，不管理能那麼科學地存在嗎？肯定是有管理的，但那不是你。我們睡覺時像頭豬一樣睡得死死的，什麼都不知道，但是我們的呼吸還是照樣在工作的。平時我們感覺到手能抬起來，我們就認為我們能指揮我們的身體。千萬不要有這種誤會，不是我們在指揮身體，而是身體在配合我們，這個界限一定要分清楚。我想抬起手來，不是我在指揮手抬起來，而是手配合我抬了起來，因為這生命體本身是不歸我們大腦管的。

人體造血系統也是非常精密的科學，我們人類再發展智能多少年都很難實現造血的功能。表面上看很簡單，就是五穀雜糧倒進去，在腸胃裡加工，然後就變成血液了嘛。然而人類研究到現在，還是無法模擬並製造出一滴血液，我們還是要靠人類相互之間的獻血和輸血。我們從科學原理看很簡單，就是食物經過口腔咀嚼，然後進入胃腸消化，進一步提煉出精華物質進入骨髓，最後提煉加工變成了血液。就這麼簡單啊！但是我們人類用各種高科技設備模擬人體的消化系統、造血系統，可是五穀雜糧倒進去最後出不來血！人體造血系統是更神秘的設備，這麼屬害的設備難道憑我們的大腦就能指揮嗎？根本指揮不了！

包括我們細胞的再生，他每天的新陳代謝都是很有規律的，這些工作我們從來都沒有指揮過，所以你是指揮不了的。有時候我覺得如果未知力量（上帝、道、佛）看得起我們人類，那麼他應該把呼吸權交給我們啊，這樣我們豈不就長生不死了嘛。後來我明白了，上帝不放心交給我們啊！因為我們妄念太多了，整天東想西想的，他交給你不到兩秒鐘你就忘記呼吸了，那你豈不是馬上就去見上帝了嗎？所以這個工作太重要了，上帝不放心交給我們。包括血液循環系統，他能交給你嗎？你一睡覺血液循環就停止了，那你就起不來了，所以這些重要的工作都無法交給我們是因為我們還很弱小。

據我知道有一種超生命，我們叫他們神仙，他們是有這個指揮權的。你們相信有神仙嗎？這是中國文化當中非常神秘的一部分。既然在傳統文化中存在，那很可能真有神仙，他們的心智系統進化得比較高，上帝就願意把呼吸權轉交給他們，因為他也不想管理啊！這樣他們就能掌握呼吸、血液循環、細胞再生等，從而長生不死。所以如果呼吸代表一種長生的話，上帝交給你，你才能長生。但是如果我們的心智進化不到一定的層次時，他把呼吸交給你，那不是長生是短命，可能幾秒鐘就完蛋了。因為我們妄念紛飛，你的意識不可能有那麼專注。所以這個生命本體之我就是你的肉身，這個我的諸多功能都不歸你的大腦意識支配，這個我是存在的，否則你也不可能坐在這裡。

那麼除了這個我，還有另外一個我，叫感受性自我，就是提供感受的。我們人的身體，換另外一個名詞叫神經網絡設備，就是說他是無數神經網絡鋪設出來的一個肉身，正是這些神經網絡帶給了我們各種各樣的心理感受，冷熱酸甜都在其中，有時候我們興奮啊、喜悅啊、激動啊等等所有心理感受都在這裡面。我們今天的科學能探索到在這個神經網絡裡面，當某種情緒能量產生震動時，就有相應的感受出現。包括男女做愛的高潮，現在人類都能通過智能模擬出來，因為它確實是一種情緒能量在神經網絡裡面產生震動帶來的感覺。大家可以去看一部電影叫《我們到底知道多少》，這裡面就講到今天的科學是可以模擬男女做愛的高潮的。只要通過電能模擬出兩個人做愛要到高潮時的那個情緒能量、那種興奮度，只要模擬出同等頻率的電流，也就是那種興奮度轉換而成的電流，人就會帶來高潮。

包括我們聽聲音也一樣，我們覺得聲音是從外面進入耳朵的，這是錯誤的。聲音永遠都在大腦裡面而不在外面，但是它給我們造成的假像就是聲音是從外面進入耳朵的，這是因為你不瞭解耳朵的功能。耳朵根本沒有聽聲音的功能，真正聽聲音的是大腦。耳朵只是把聲波收集進來，它裡面有很多結構，其中有個結構是可以產生震動並轉化成電流的，這就是聲波電流，然後輸送到腦神經，由腦神經裡面創造出聲音來。我們知道，我們人有聲帶振動和共鳴系統，就發出聲音了，如果這麼大的設備才能發出聲音，而手機那麼小，又不具備我們人的發聲系統，為什麼也能發出聲音來呢？而且聲音比我們還洪亮。所以真正的聲音並不是我們理解的聲波，真正的聲音是一種電流，一種電波，當電波在手機裡震動時，手機就發出了聲音。我們聽到的聲音也一樣，是通過把聲波轉換成電波，然後在腦神經裡產生受用，這就是聲音。

所以說我們的身體是一個神經網絡設備，是由無數神經網絡組成的這個身體，是一個給我們產生各種感受的設備。那麼這種神經網絡有很多啊，有一種稱為貓的神經網絡，有一種稱為狗的神經網絡，還有稱為馬、牛、鳥、蟲、魚的神經網絡。我們平時理解的生命並不是我們真正精准理解的生命，我們平時模糊的理解就是：花、鳥、蟲、魚等等都是生命，整個人類都是這樣模糊地稱呼。實際上，它們不是生命，它們只是給生命創造感受的感受器。花也是創造感受的感受器，我們通過一定的儀器設備，把這個電流跟花連接，然後我們和它互動時，儀器設備上會出現花開心快樂的電流波動，這說明花也是一個生命去經歷各種創造感受的設備而已。

那麼這樣的設備就很多了，而你的靈魂是一種生命精神力量，是一種無形的生命，這是真正的生命。如果有投胎這種說法的話，那麼當這個生命要去投胎的時候，就會分配給他一個神經網絡感受器，比如人、貓、蛇等等。因為它們在功能上都叫神經網絡感受器，感受器本身沒有高低貴賤。這句話釋迦牟尼在兩千多年前說過，中國人把這句話翻譯成眾生平等。這不準確，應該叫感受器平等，就跟我們用的手機、汽車、電視機一樣，都是功能設備，一切功能設備都沒有高低貴賤。對吧？你不能說洗衣機比冰箱高貴，站在人的高度看，洗衣機、冰箱是平等的，因為它們都是功能設備體。同樣道理，一隻貓、狗，一條魚，它們只是一個個神經網絡感受器，站在靈魂的角度看，它們皆平等。這就是我們翻譯釋迦牟尼的話叫眾生平等，實質上準確的說法叫神經網絡感受器這些功能設備體皆平等。

從另外的角度講，我們人體是由細胞構成的，你把這些細胞拆散來看，和狗的細胞沒有什麼差異，因為構成它們的分子都是一樣的。如果我們把細胞、分子比喻成磚頭，我們用這些磚頭蓋一棟公寓，或者一棟別墅，這些房子造型不同，但磚頭卻是一樣的。所以真正的差異不是磚頭本身，而是堆放這些磚頭的圖紙。所以當我們把細胞堆成一個男人，一個女人，一隻貓，一隻狗，這裡面有什麼差異呢？為什麼人類創造了差異呢？是因為認知錯誤。認知錯誤創造了差異以後，就會出現喜歡或不喜歡的分別。因為沒有差異你就不會分別，有差異就會有分別，有分別就有喜好，有喜好就會產生恩恩怨怨。所以你會發現，我們人類的痛苦根源在哪裡？根源就在於認知錯誤。認知是什麼？認知是驅動我們生命能量展開生命創造以此經歷各種微妙感受的驅動意識。所以當我們不幸福了，我們不應該在方法上反省做事為什麼沒做成，也不應該歸咎於那個人為什麼對我不好，我們的老祖宗告訴我們應該直指根本之處，也就是我們的思想，這叫反求諸己。

經過我這樣的分解，你就會得出一個絕對絕對的真理，那就是——當你不爽了，責任在你！是的，和你之外的任何其他人都沒有關係。所以我們在座各位聽了我的課回去，如果

71

還在說就是那個討厭鬼讓我不開心的，那我的課你就白聽了。怎麼還在外面找原因呢？我都給你分析得這麼透徹了。我們看見眾生相的差異不是生命本身的差異，使用貓這個神經網絡感受器的靈魂，跟使用人這個神經網絡感受器的靈魂，這兩者之間有高低貴賤嗎？就像他開豪車你開普通車，裡面的駕駛員不都是人嘛。或者你一會兒開豪車一會兒開普通車，不管車怎麼換，你人沒換啊。所以從我的分析看，你覺得死亡還有苦嗎？生老病死這四苦不就破完了嘛！老年人最恐懼的就是死亡，對吧？生老病三苦相對好破，最難破的是死亡，因為人誤認為肉身才是自己。今天你要明白肉身不是你，肉身只是一個神經網絡感受器，你只是換不同的神經網絡感受器而已，所以這個輪回本身不是悲劇。

然而我們傳統文化也有一些是並非究竟的認知，一提到輪回就說好苦啊，我要跳出輪回。你傻了，跳出輪回幹嘛？我天天換不同的感受器，那多豐富的感受啊！很多人說要有出離心，我不知道你要出到哪裡去？出到沒有感受器的地方去嗎？那裡就叫空，那是阿羅漢的境界，在空無裡面沒有感受器，當然就沒有苦的感受，也沒有樂的感受。所以當年釋迦牟尼說：這些修羅漢的都是小根敗種，沒有什麼志向。所以並不是跳出輪回就是我們生命追求的終極，那只是階段性的離苦，還得不到樂。而傳統文化講的是離苦得樂，要有樂就需要感受器。我的神經網絡鋪設在我身體範圍裡面，一個小蟲子咬我都能感受到。但是我的神經網絡沒鋪設在牆上，你挖牆我都感受不到。所以要有樂，得有神經網絡系統。為什麼叫神經網絡呢？因為所有的受用都要集中在腦神經上去體驗這種感受，不管我們手上還是腳上的神經網絡把各種觸覺包括熱啊、冷啊這些感覺傳遞給我們，但最後還是由我們的精神意識做出分別，感受各種不同的滋味。這就是第二個我，叫感受性自我。

還有第三個我，叫認知性自我。認知性自我是一個什麼功能呢？是一個要明白這一切奧秘的功能，就是我們的認知。說白了，所謂的我就是三我合一的我，包括生命本體自我、感受性自我、認知性自我。三我合一，我們才能在人世間談戀愛，生孩子，過夫妻生活，跟同伴之間互動，通過創造各種項目來玩各種遊戲，然後在過程當中體驗各種滋味。你沒有這三個我就體驗不了，少一個都不行。

關於人生目標的達成，大家一定要接受一個不可迴避的問題，那就是並不是所有的目標都能實現。雖然並不是所有的目標都能實現，但是這影響不了你創造美妙的感受，你要把這個界限分清楚。創造感受只需要能量互動和過程，目標只是帶領我去經歷的一個遠景，而我要的是每個當下、每一瞬間的美好感受。所以在乾坤運作的遊戲系統裡面，不是說每個人的目標都有機會得到實現。因為我們的遊戲包括個體遊戲和乾坤遊戲，個體遊戲也是在乾坤這個場所裡進行，而乾坤有乾坤整體的遊戲。

比如說我們從原始文明到農耕文明到工業文明到資訊文明到將來的智能文明，你會發現乾坤是五個階段，我們人也是五個階段，有嬰兒時期、少年時期、青年時期、中年時期、老年時期五個階段。你會發現從個體遊戲這個角度，我們是用五個階段來完成一個生命的經歷和創造。簡單地說就是自我價值確認，人生價值書寫，生命價值綻放。所以從你個體的角度來講，這每個階段沒有哪個階段不好，那是不同的體驗，那是你的精神體，也就是你的靈魂，在神經網絡系統裡面經歷不同的感受。

在嬰兒期的感受肯定是有別于少年期的，少年期有別于青年期，青年期有別于中年期，中年期有別於老年期，都是有差異的，而靈魂非常討厭重複同一種感受。你看小孩蹦蹦跳跳的不安分，因為他沒有被所謂的知見鎖定，所以他在隨時創造不同的感受。而我們成年人已經被各種錯誤的知見鎖定，我們就只知道傻乎乎地掙錢，呆呼呼地幹事，就是不懂感受啊！什麼情趣浪漫，什麼詩詞歌賦給你，你卻說我養家糊口都搞不完，還搞什麼詩詞歌賦？詩詞歌賦是能給人帶來更微妙的感受的，傳統文化就是為了給生命帶來不一樣的感受。所以一個有情趣的人，一個浪漫的人，他的感受要豐富得多，富足得多。如果一個人只知道掙錢，那就是個機器人，他已經忽略了自己的感受，那這樣的人生還有意義嗎？

所以從個體的角度來講，你用這個神經網絡感受器在經歷這五個階段，每個階段如果都不被干預，每個階段你都充分地體驗了不一樣的感受，你這一生就一定滿足。但是如果說你在每個階段都受到干預，你就相當於被強暴。在座做父母的可能都幹過這事啊！我們都曾經干預子女去體驗不同的階段，子女也曾經干預我們來體驗我們的階段，是不是？所以人生五個階段沒有哪個階段更好或更差，每個階段都非常神聖不可替代，更不可錯過。

你看現在有很多老年人沒有信心，覺得自己老了沒有力量了就自卑了，於是就很羨慕年輕人啊，這就是認知錯誤。你知道什麼叫做"老"嗎？實際上你的細胞排列稍微偷工減料一點，你的皮膚就皺了就老了嘛。"老"實質上就是細胞堆放密度之間的差異導致外在相的差異，但是裡面的靈魂有差異嗎？沒有啊！你開一輛破爛舊車那個人還是你，你換一輛豪華新車那個人還是你，沒有差異嘛。

但是對於靈魂來講你要體驗什麼？比如兩個人幹仗，你用槍我用棍子，這樣平等嗎？肯定不平等。你用槍幹掉我了，不代表你比我屬害，你只是工具屬害。但是靈魂要的不是工具屬害，靈魂覺得工具是工具，我是我，工具不是我，靈魂要的是自身的屬害。雖然被你用槍打死了，但是靈魂覺得老子照樣比你屬害，因為你不敢放下你的槍，說明你沒有我屬害嘛！所以不在於是青年人還是老年人，只是工具不一樣而已，一個青年人比我跑得快，不代表你比我屬害哦，老年人照樣要活出自己的尊嚴，那是平等的，那是同等尊貴的，有啥可自卑的呢？

所以首先要解決的第一個問題就是自我價值確認。不在於年紀大小，你得對你自我存在的價值做自我確認。你自己都不確認你的價值，你還指望誰來確認呢？非要人家說你行你才覺得自己行嗎？所以自我價值的確認永遠是自己說了算，不可能期待別人給你這種自我價值的存在感。很多人就等待著誰對我好一點，誰給我點肯定和認可，那是叫花子的心態，那是乞討的心態。因為我們的靈魂是平等的，我們用的神經網絡感受器也是平等的，既然我們是平等的，幹嘛要你賜予我不同的感覺啊？

　　所以自我價值確認就是當下這一瞬間確認的事。有人還找人算命，這不就是沒有完成自我價值確認這項工作嗎？自己沒有信心，結果還請一個比自己弱的人算命。你看一下那些算命的人有哪個過得好啊？有哪個比你過得好啊？都是混不好的人才去算命嘛。他自己的價值都沒有確認，你還找他給你確認，那不就是沒信心嗎？沒信心什麼遊戲都幹不成！我告訴你啊，我們個體展開遊戲的第一個起點就是你得首先要有信心玩。玩什麼不重要，而是在玩的過程中我們很精彩這比什麼都重要。但是如果我們不僅玩的過程很精彩，而且還玩出成果玩出榮耀了，那不就更精彩了嗎？

　　那麼這個更精彩要依靠什麼？依靠我們對乾坤運作法則的掌握。如果你沒有掌握乾坤運作法則，你只要掌握個體生命遊戲的法則，那麼你也能夠有豐富、精彩、滿足的一生。只要你有正確的認知，我們叫正知正見，那麼你玩個體遊戲照樣玩出很知足的一生，因為你知道我們靈魂的目標就是感受。如果你除了感受之外，你還想要有一個表面的相，想要在乾坤裡面還有那麼一筆精彩，我把這稱為人生價值書寫，而不是自我價值確認了。這就要更高一級，那麼你就要研究乾坤法則，你就要觀天時。掌握了乾坤法則，你就可以完成一個輝煌的人生價值書寫！

第肆講

人體三大中心的能量整合平衡藝術

三 大 中 心 體 相 用

中 道 平 衡 妙 無 窮

身 心 和 諧 七 竅 通

性 富 幸 福 幾 人 懂

三大中心體相用
中道平衡妙義窮
身心和諧七竅通
性富牵福凡人懂

教正可能量　慈漢

第壹節

整合陰陽達成平衡帶來大自在的受用

我們在人世間進行生命的體驗，我們可以啟動不同模式的能量來創造我們想要創造的東西，就猶如電影《當幸福來敲門》裡暗示的那個魔方，那個魔方代表某種神奇的奧秘，它是一種象徵語言。我們在進行生命創造的過程中也有一個神奇的奧秘，這個奧秘我們一旦掌握到，就會發揮像神奇魔法一樣的功效。我們看到神話小說裡面講的魔法、仙術，也都跟這個奧秘有關係。我們從身心健康的角度，中醫講了陰陽，道家的文化直接講到最本質的"一陰一陽之謂道"，那麼可見陰陽之間有一個奧秘，在《道德經》裡把這個奧秘描述成眾妙之門，在《聖經》裡說這個奧秘是一道窄門。實質上全宇宙的生命都在探索、追求、感悟這個奧秘，怎麼樣才能達成一陰一陽的互動而帶來大自在的受用？

關於識性觀行，我們在前面講到了一種對抗性、抗爭性、競爭性的模式，同時也講到了另一種互補性、互動性、滋養性的模式。其實最高的是第三種模式：整合性，陰陽的運作就有整合性。整合不是單一的配合，當然配合比對抗有更多的好處，你只要不採取對抗性模式，基本上不會有太大的痛苦。你只要採用互補性、互動性、滋養性，你就會招人喜歡，就

東西方文化都講三大中心都打通的人很幸福，是因為你活在平衡中，所以你沒有焦慮，沒有能量堵塞，沒有失去陰陽平衡的狀態，因此你身心和諧，這樣就是一種幸福的狀態。

會有很多朋友善緣，相對來講你的人生就會美好許多。但是這個境界還不算高級，更高級的境界就是整合，這是帶團隊的人尤其要把握的一個境界叫整合。

怎麼整合？整合絕對不是拉幫結派，更不是採用什麼政治策略或手段。真正能夠聚集、整合能量的奧秘就在一陰一陽的平衡之間，這是最奇妙的。你能掌握一陰一陽的平衡就能解決一切問題，比如身心健康問題就很容易解決。中醫裡就講陰陽平衡，包括過去SARS病毒出來時，按照西醫一下子還沒有方案，但是按照中醫的陰陽平衡原理很快就有方案了。當我們身體陰陽失衡，就會造成身體不舒服，嚴重失衡就會生病，那麼就說明我們身體中的陰陽兩種能量我們沒有平衡好。

在整合階段，他是超越配合、超越滋養的。在配合階段，我們還有選擇，我會選擇和誰配合，我喜歡誰就和誰配合，我不喜歡誰就不和誰配合，但是無論喜歡不喜歡，最起碼我沒有選擇對抗，所以互動性比對抗性有更多的好處。但是到了整合階段，就沒有了陰陽、善惡、正反的區別，在身體裡面能把正負兩種能量整合到一起，那麼你的能量就是雙倍的。如果我們只是吸取正能量，就會丟掉負能量，你的能量就只有一半，而且被你排斥的負能量還會找機會來消耗你。為什麼呢？因為正負兩種能量本身就是從宇宙大道當中分化出來的兩面，他們是相互離不開的，一陰一陽本身是離不開的，就像硬幣的兩面一樣，你拿起硬幣的正面必然把它的反面也帶上來。

所以一陰一陽本身是不可分割的，我們不能只吸收陽面而排斥陰面，而要找到成為這兩者之間的平衡點的玄關，《道德經》裡講玄之又玄，就是講你要成為這個玄關。比如我們在搓手的時候，如果剛開始沒找到這個玄關的話，你的手臂很快就會感到累，你身體的能量就會淤堵。但是當你的大腦不干預它，開始想其他事情的時候，身體就會自動形成玄關。身體有身體的智慧能夠自己尋求左右手陰陽的平衡，這時候你身體左右臂膀淤堵的能量會自動在平衡當中疏通，最後你會發現越來越輕鬆。找到這個玄關以後，你搓手會越搓越享受。

第貳節

我們的身體有三個平衡點，稱為我們身體的三個平衡中心。不知道你們玩過平衡車沒有？它為什麼不會倒？當你踩上去，它不需要像汽車掛檔產生一個向前沖的動力來往前走，它不是這個原理。它是打破平衡就往前走，在平衡中它就站立不動。當你打破平衡它為什麼會往前走呢？因為它要自動尋求平衡。所以你站在平衡車上，身體往前傾，它自動就往前走。當你往後仰，它自動就往後退，這就是倒車。它的原理就是自動形成平衡。它不是單一現象的動力，而是四面八方平衡的動力，哪面失去平衡它就會自動平衡回來。當你要往左轉就往左失去平衡，它就會彌補這平衡，平衡車就自動往左轉。這就是先天的智慧，是自動形成平衡的智慧。

我們身體裡有三個中心可以取得身體的平衡。第一個中心在丹田部位，西方叫本能中心，這裡是身體層面的陰陽平衡中心。為什麼道家修行打坐要意守丹田？就是為了在身體層面形成陰陽平衡，所以丹田是整個身體機能的平衡中心。我們男女做愛的設備也在這裡，有沒有男士做愛在一個小時以上的？你發現只要能做上一個小時的，就像搓手一樣本能地就會掌握到一個平衡點。他不是單一向前的猛衝勁，那個猛衝勁可能十五分鐘你就投降了。當你掌握到平衡點時，一個小時或者兩個小時對你來說只是一個平衡而已，你不會出現身體匱乏，更不可能第二天起不來還腰酸背痛。當男女之間做愛，尤其是男的做完後腰酸背痛，那就是沒有找到這個平衡點。如果是靠意志力和猛衝勁完成的，這樣就會很消耗，因為它不是能量平衡的互動。你會發現我們搓手也一樣，你如果只是靠意志力搓手都搓不了多久的。如果你找到了這個平衡點來做快樂運動，它是可以美容的，它可以促進微妙的生物電的產生，會有滋養性，對男女都有滋養。它的關鍵竅門就是在於陰陽平衡，光靠意志和衝勁是不可能堅持多久的，因為失去了陰陽平衡。

當我們把丹田這個中心激活，就是我們的能量以這個中心為平衡點。我們可以在網上搜索一下平衡車的原理，平衡車的核心部件就是陀螺儀，陀螺儀橫向轉動就形成一個磁場，這個場一旦形成，無論你怎麼推它都不會倒。現在有一種撞不倒的汽車已經發明出來了，就是運用了陀螺儀的平衡原理，從而形成一個平衡中心，因此這種汽車怎麼撞它都不會倒。實際上我們的身體也有三個陀螺儀來形成平衡，其中一個就是我們的丹田，如果你不用它或者你打破它的平衡使它不起作用，那麼我們的身體就會出毛病。因此我們要讓陰陽能量在丹田這個中心形成平衡，一陰一陽之謂道，不是單一的陰，也不是單一的陽，正所謂孤陰不生，獨陽不長嘛。

我們懂醫學的人可能知道，比如漱口，你不能漱得太乾淨，否則就會在殺掉有害細菌的同時也殺掉了有益細菌，從而破壞了平衡，反而不利於口腔健康。洗澡也一樣，如果你洗得太勤，搓得太狠，就會把皮膚的有益細菌搓掉，從而破壞了皮膚的平衡網，然後又慢慢地重新形成平衡網，中間這個間歇就是不平衡，這樣就會導致皮膚損傷。

所以陰和陽是要整合的，整合在一起的微妙點就在於平衡的藝術。有一種生理層面的平衡藝術就是打坐，我們打坐時意守丹田，就容易使陰陽能量在此交匯，就自動在此平衡掉了，打坐時雙手結印也是為了讓陰陽能量在丹田這個中心形成平衡。

我們身體的第二個中心在心輪，也就是胸口膻中穴這個位置。這個地方是情感平衡中心，也叫心理平衡中心。我們的丹田是生理陰陽平衡中心，而我們的胸口是心理陰陽平衡中心。有一種說法，當我們丹田的本能中心激活後，我們的內乾坤就是充滿活力和平衡的，身心就是健康的。當我們胸口的情感中心激活後，我們的情感就是和諧的，因為你是充滿愛的。

那麼第三個中心在腦門裡面，叫乾坤運作中心，也叫理智中心，它是形成事務性平衡。東西方文化都講三大中心都打通的人很幸福，是因為你活在平衡中，所以你沒有焦慮，沒有能量堵塞，沒有失去陰陽平衡的狀態，因此你身心和諧，這樣就是一種幸福的狀態。

第叁節

這三個中心各有各的智慧，各有職責分工。本能中心要解決的是自己身心的平衡、生理的平衡，解決的是身心健康的問題。道家講的是解決內乾坤的問題，在本能中心形成陰陽交匯的平衡，當內乾坤陰陽平衡了，我們的身心就是健康美妙的。情感中心管轄的是家庭的範圍，是家庭成員之間的情感平衡中心。理智中心不是在家庭裡用的，是在乾坤裡用的，因為它擅長規劃，包括對事務的統籌、時間的管理、項目的計畫、人事的安排等等，所以它特別適合在乾坤裡運作，就是幹事情，幹一番大事業。所以這三個中心一個管身體的內乾坤，一個管身體外的家庭，一個管社會乾坤運作，幹一番事業。

這三個中心各司其職，是不能相互干預的。比如我們用理智中心去干預丹田的本能中心會出現什麼結果？那麼肯定就會感到累。因為本能中心的功能就是平衡生理陰陽，比如當你搓手時注意力沒有在手上而是在想其它事情，這樣的話反而會感覺輕鬆。但是當你搓手時大腦干預了，注意力在手上的話，這時候反而感覺手越脹、越堵，因為搓手不是理智中心的管轄範圍。理智中心就是負責把事幹好，把錢掙回來，不要去插手本能中心的事務，各有各的內政，是不能相互干預的。當你剛開始搓手時，是靠的意志力，這就是理智中心在干預搓手，這時候手很快就脹了，兩臂很快就堵

87

了。你說不行，我就要用很強的意志力搓下去，那我告訴你，到時候很可能你的手想抬都抬不起來。就是說生理層面永遠要交給本能中心去處理，你越不干預它，它就越正常。

這個道理你們要是聽明白了，你們以後可以多搓手，通過搓手可以停掉大腦對生理的干預，這樣更有利於身心健康。為什麼打坐修行要求你不要想事，因為想事就屬於理智中心的經營範圍了。理智中心經營的就是各種各樣的念頭，如果你的理智中心不停下來，甚至你還用理智中心的想法去干預你的本能中心對你身體的調節，這樣就更不利於身體健康。所以我們進行跑步鍛煉的時候也不要用大腦意志力去堅持跑步，很多人為了訓練自己的耐力，會用強大的大腦意志力強迫自己堅持，這樣跑下來反而會傷身體。因為你的大腦理智中心對身體的瞭解不如本能中心，本能中心裡面有一個先天的程式套件，它完整地儲存在你的本能中心。它知道怎麼樣去平衡你的身體生理層面的陰陽，這是它的先天智慧，和呼吸、血液循環一樣是先天智慧。它不需要哪個科學家來告訴我們怎麼呼吸，也根本不需要任何醫生來指導我們的血液怎麼循環。所以你的大腦理智中心越干預你的身體，你的身體就越糟糕。

你們有沒有發現，有很多人用大腦干預身體，整天在考慮今天吃什麼明天吃什麼對身體才好，結果卻越吃身體越不好？你們有沒有發現中國有一位很出名的長壽專家51歲就去世了？他是理智中心在研究怎麼樣來保健，他有像本能中心那麼懂嗎？肯定沒有啊，只是他的大腦認為自己很懂而已。只要大腦去干預本能中心的工作就肯定形成了矛盾，你再是長壽專家也活不長啊！所以我們要瞭解我們自身的結構，這個管轄範圍是不能混亂的。本能中心從來不干預我們怎麼做事，它只管身體的生理平衡。情感中心也不會。其實最霸道的就是理智中心，它什麼都想管，事業想管，情感想管，身體內乾坤也想管。所以就是因為理智中心管得太多，從而帶來了人的身心健康問題，家庭不和諧問題乃至社會不安寧問題。

理智中心只有一個功能就是幹活掙錢，其他方面都不歸它管。過去有句話叫：理智創造，情感分享。就是說理智中心把項目運作好，把錢掙回來交給情感中心來分享，情感中心把它派生成藝術，詩詞歌賦，搞成浪漫的事，然後親人朋友之間來享受情感的滋養。理智中心掙錢不就是為情感服務嗎？有沒有只掙錢不去尋求情感服務的呢？這樣沒意思嘛，對不對？一點意思都沒有！所以掙完錢最終還得要交到情感中心來用，這就是情感分享。比如你今年是業務冠軍，只是偷偷發給你幾十萬的紅包你覺得這樣有意思嗎？但是如果我們搞一個慶祝活動，聯絡一下情誼，搞一點節目，那就有意思了吧？所以你會發現理智中心創造的成果，最終還是要落實在親人之間、朋友之間、團隊成員之間的情感分享上。

　　所以情感分享就是搞好家庭搞好團隊的，它是一個情感功能。過去情感中心管的範圍很大，那時候一個民族就是一個大家族，都歸情感中心管。我們有沒有這種體會：當理智中心在家庭裡面干預情感中心的工作範圍時，兩口子就有理說不清啊！越說感情越崩潰啊！對吧？這種現象就是理智中心用錯地方了。家庭裡面本來應該是把能量轉移到情感中心來進行情感互動的，但是如果老公剛好是學哲學的，他跟你講一番哲學理論，兩個人好不容易見面本來應該好好親熱的，結果你一講哲學就完了。理智中心認為我分享哲學有什麼錯啊，但是情感中心不需要這個。過去有句話叫清官難斷家務事，所以清官應該管天下事而不是家務事，天下事是乾坤範圍內的事應該歸理智中心管，所以清官能管，但家務事歸情感中心，清官就沒法管了。

　　我過去有個哥們就喜歡管這種事。他的理智中心不知道從哪裡學的一套理論，就是男人永遠都不能欺負女人，誰敢我就收拾誰，他有一種英雄俠義精神。有一天在貴陽的一個小巷裡，兩夫妻正在打架，他剛好路過，看見後找根棍子一下子就將那個男人打趴在地上。

　　結果那個男人還沒爬起來，他老婆就已經撿了塊磚拍在我這位哥們身上了，“你幹嘛打我老公？”

　　我哥們說：“我這不是幫你嗎？”

女人說："用不著你管，你誰啊？"

所以這對夫妻雖然打架，但是他們的感情還沒有散。他們在理智層面好像有很多分歧，但是在情感層面卻很牢固。在沒有遇到外敵時，他們就內鬥，而一旦遇到外敵，兩個人就團結一致了，所以情感中心的事情清官都干預不了。

當我們從外面回到家，就到了情感中心的管轄範圍，這時候就要以情感經營為主，不能以道理為主。理是拿來行天下的，但是理在家庭裡面卻行不通。所以我們說有理走遍天下，它指的是家庭以外，在乾坤運作中，理是管用的。比如說國與國之間如果不講理那不是亂套了嗎？而情只能在家庭、家族裡面講，當然我們把情擴展一下，在團隊裡面也可以講。

另外，我們可以把搓手當成打坐的項目來做，沒事就多搓搓手，當你越搓越享受的時候，身體的陰陽平衡就會形成自動機制。自動機制在傳統文化裡又叫自相續，就像騎自行車，剛開始很難平衡，等身體掌握了平衡技巧，你就會發現騎自行車不用大腦思考就能騎得很好，甚至還可以邊騎車邊打電話。這時候誰在騎呢？大腦絕對沒騎，因為大腦這時候在打電話呢！其實就是因為在重複同一件事情的時候，我們的身體有一個很好的吸收功能，它會不斷地像個程式套件一樣觀察我們的行為模式，從而形成自動適應你的自相續的模式。我們玩手機也有這個模式，比如你喜歡在抖音上看美女，只要看上幾次，然後它推薦出來的就全都是美女。手機是有這個功能的，我們的身體也一樣，有自動地適應你的模式的功能，然後配合你的模式。

我們的身體就是一個智能設備，先天就有一套非常智能的程式，我們今天的很多智能設備實際上都是在模擬人類的智能。我們的身體會自動地適應我們，比如我們連續一段時間早上5點起床，那麼身體就會自動適應，我們把它稱為生物鐘。這就是身體在摸索你的模式，摸索到了就定下來了，以後每天早上5點自動就醒了。這就是自相續模式，就是你不用思考，它會程式化地為你服務。當我們形成一種習慣也是自相續，不管是好習慣還是壞習慣都是自相續。有一種說法叫：好習慣就是好人生。所以好的習慣就會形成好的自動機制為你服務，人生就會受益更多。

我們再來看《當幸福來敲門》，這部電影裡面有很多象徵，比如眼淚、魔方、男主賣的設備等等都是一些象徵性的東西，其實這部電影真正要表達的是幸福會在什麼情況下來敲門。那麼首先我們要明白什麼是幸福？我們今天把幸福等於豪車，好像有豪車的人也不幸福吧！我們把幸福等於金錢的數量，好像很多有錢人的幸福指數相反可能更低吧！當然幸福和金錢並不矛盾，只是兩者不能劃等號。我們有時候會形成錯覺，認為金錢多就幸福，房子大就幸福。我們有沒有這種比較模糊的認知呢？當我們的認識不清晰的時候，我們就會把它作為我們生命的目標去追求了。它實質上是給我們提供各種不同的生命體驗，在體驗當中通過心法的運作而產生各種微妙、幸福、快樂的感受而已。

要帶來這些感受就要靠心法來運作，心法又叫驅動意識，如果你用貪、嗔、癡、慢、疑作為驅動，結果就是人生八苦，包括生、老、病、死、求不得、怨憎會、愛別離、五陰熾盛這八苦。這八苦都跟心法的運用有關係，一旦心法運用錯誤，我們就一定受人生八苦。從我的實踐來看，這八苦是可以破解的，通通都可以破解，實質上人生八苦是可以不存在的。當你掌握了正確的驅動意識，你就永遠沒有生病的權利。為什麼？因為驅動機制一變，心法一變，整個生命形態就跟著變。

所以到時候就算你想裝病以引起某人同情而愛你，一開始都不生效，要裝很久才能真生病。我們很多人一開始沒病，因為想要獲得某人關注，就開始裝病，裝的時間久了，你的生理機制在慢慢地觀察你的模式，然後它終於搞明白了原來你想生病啊，於是慢慢地這個生理機制程式套件就開始為你創造出了病。如果你很在乎某人對你的態度，比如說很在乎爸爸媽媽怎麼看你，很在乎男朋友愛不愛你，平時你健健康康的時候他都不關注你，當你一病他馬上就買了好吃的過來了。這時候你就開始思考了，"當我一病他就關注我了，看來這個好使！"所以就開始裝病，裝了一段時間之後，你的身體就開始自動地適應你的模式，最後你就患了不治之症。

何為不治之症？就是你想患病就叫不治之症，就是你的潛意識裡面認定你就是想患這個病。這個是中西醫都治不了的，只有心理學勉強可以治。為什麼呢？心理醫生會讓你回溯形成這個病的心理過程，在回溯的過程中發現，這病產生的根源是在某個時候因為某種心理導致你從裝病開始。那麼他就開始給你做解析，說你是因為想要得到別人的愛所以才裝病的，那麼想要得到別人的愛除了裝病之外還有沒有其它方案呢？這時候心理醫生就會給你提供另外的可能性。我們不都是想得到愛、想得到別人的關注嗎？那麼除了裝可憐之外，還有沒有別的可能性呢？其實只要我們把思維敞開就會有N種可能性。

我覺得凡是用這種裝可憐的方式去獲得別人的愛、關注、同情都不是智慧的模式。智慧的模式首先要完成的一個基礎工作是什麼？就是首先要完成自我價值確認，你自己要能確認你的價值。如果你覺得自己沒有價值就會像我當初那樣自卑，那種日子可不好過。我很幸運出生在一個很好的父母那裡，不管我怎麼裝可憐他們都絕對不會對我好。所以這樣的模式在我身上從來就沒有生效過，因此我才沒有走到裝可憐的地步。

當然我的父母並不是因為懂這個原理，如果是懂這個原理而發現我在啟動裝可憐的模式由此不予理會的話，那麼這樣的父母就太厲害了！但是我的父母並不是因為懂這個原理，而是因為我的好壞他們都不關心、不動心。我從少年時期到青年時期都處於極度自卑的狀態，但是沒有人同情過我的自卑，導致我沒有覺得這種模式能讓我得到我想要的，所以這種模式最終沒有成為我的模式，這是我比較榮幸的。我們一直認為當你裝可憐的時候有人來安慰你是好事，覺得自己終於引起關注了，其實這點小便宜占了以後，你將會啟動一個絕症式的運作模式，那就是一種絕症，治不好的。這種模式老年人也會有，當兒女們在外地，很長時間連個電話都沒有時，就感到孤獨了，就會覺得全身到處不舒服。

在陰陽平衡之間有一個思想在驅動，我們用什麼思想來驅動才是最美妙的一種運作呢？其中包括個體的運作以及我們契入乾坤的運作。在自我個體的運作層面，我們要營造一些正面的心，這些正面的心是我們後天加進去的程式套件。就和我們騎自行車一樣，當你在不斷重複這個動作的過程中，身體會適應你的模式形成一個後天添加進去的程式套件。我們的生理機能裡面就有一套先天的指揮身體運作的程式套件，就像我們買的新手機，都自帶出廠設置的一些軟體，我們買回來以後可以根據需要來增加新的程式套件。同樣的道理，我們也可以在我們先天的生理上形成一些後天添加進去的程式套件，這些程式套件就是各種各樣的心，比如說愛心、寬恕心、柔軟心、仁善心、慈悲心、濟世心、悅納心、舒暢心、滿足心、法喜充滿心、快樂心、清淨心等等太多了。這些和我們今天用的智能手機有很多軟體是一個道理，你手機的軟體市場裡有很多的程式套件，你不可能把所有的程式套件都拿來用，你只是選擇你需要的一些程式套件就夠了。

在我們的生命運作裡面，每一顆心就是一個你可以選擇加載的後天程式套件。《西遊記》裡的孫悟空有很多心，實際上他就是賣軟體的，他不管什麼心什麼程式套件都有，這些心跟我們想要體驗的生命目標、人生定位有關

係。我的人生定位要玩什麼樣的遊戲，我就裝
什麼樣的程式。跟手機一樣，手機要實現什麼
功能就裝什麼程式，我在人生當中要定位做什
麼樣的人就去裝什麼樣的心。

第伍節

在乾坤運作上，在整合陰陽上，在許許多多顆心裡面，有位聖人叫孔夫子，他推薦了五顆心：溫、良、恭、儉、讓。在無數的心裡面，他重點推薦了這五顆心。這五顆心是用來連接乾坤能量、整合乾坤能量的玄關，所以過去只要懂得孔夫子提供的這個"溫良恭儉讓"的內修心法的人都會取得成功。有的人想成功，但是他裝的軟體是暴戾之心、貪婪之心、巧取之心，你裝的程式不同，又怎麼可能期望獲得你所要的結果呢？不同的程式在你的智能設備裡面當然就有不同的功能顯像。

所以傳統文化並不是勸善，只是告訴你生命運作的奧秘而已。你想體驗什麼人生就裝什麼心，就這麼簡單！有必要勸說別人非要做個好人嗎？沒必要。如果你的目標只是想成為一個黑社會老大，我幹嘛跟你說這些呢？你想要什麼就給你什麼心就行了。所以當我們定位要做什麼樣的人，我們就要裝什麼樣的軟體，這就叫心法。傳統文化就是心法，這就是人生運作的智能軟體，或者個體不同的運作程式。

為什麼孔夫子在這麼多心裡面重點推薦溫良恭儉讓呢？因為他們的功能就是能夠給你最大化地聚集能量。其實各種心都有各自的功能，各種軟體也都有各自的功能，不能因為這些軟體都好，就全都裝在我手機上，那麼手機就不能運行了。不管是手機還是電腦，我們都要根據對它的定位來裝相應的軟體。我們人也一樣，當我們沒有人生定位時，就會很迷茫，不知道該裝什麼軟體，結果就亂裝，跟黑社會就裝黑社會的那些軟體，跟好人就學好人，跟壞人就學壞人，就是因為你糊塗沒定位導致的。當你有定位時，你就會知道選擇什麼樣的人來交朋友，所以我們才說看你交什麼樣的朋友就知道你是什麼樣的人。

儒家推薦的溫良恭儉讓，首先就是要有一顆溫和之心，當一個人很溫和時，溫和的人自然喜歡他的溫和，因為同類相聚嘛，而粗暴的人也不反感他的溫和，那麼他就會成為粗暴和溫和這兩種能量的中心點、平衡點，這兩種能量就都以他為紐帶連接上了。

良是優良的品德修養，當然也包括琴棋書畫等這些良性素養。一個人懂藝術看上去就很優雅，這樣的人就很有吸引力，他能夠把不同的能量吸納進來以他為玄關、中心，就是一陰一陽之能量的平衡點、整合點。有良好的品德修養和良好的形象塑造就叫良，就是你能夠在乾坤運作中去聚集、整合各種能量，就是整合各種人，他們都團結在你周圍，以你為橋樑、紐帶把這些能量聚集在一起了。

恭，就是謙恭之心，一個人很有修養，又有才華，又很溫和，還處處恭敬人，那麼他是不是更能聚集更多的能量？那麼他又成為了無數陰陽能量之間的橋樑，他又成為了中心點，所有的能量都向他聚集了。

　　儉，就是勤儉，不鋪張浪費，這也是中華民族的優良品德。如果你是一個團隊領導人，大家更願意把他們的未來交給你，因為你不鋪張浪費，不圖個人享受，會為團隊負責任。那麼大家信任你，就會把大家的能量都交給你去調動，大家有資源就把資源介紹給你，有錢就把錢交給你，有體力就把體力交給你，你始終都成為他們中間的紐帶。這就是乾坤運作的法則。

　　讓，就是謙讓，這個更微妙。有很多人說一切要靠努力去爭取，他們根本不懂得“讓”的精神。比如說，所有人都知道你最厲害，都說那個位置是你的，都要讓你上，但是你懂得謙讓的話，就更能得到人心，大家就更覺得非你莫屬。所以說“讓”和“取”哪個更微妙？答案是顯而易見的。

　　所以說“溫、良、恭、儉、讓”這五個字就叫內修心法。然而有的人認為這是教條、洗腦，只要是這樣看的，我們就不要跟他講了，這就是沒福報的糊塗蛋。我現在有個唯一的遺憾就是：雖然傳統文化興起了，但是有一種不正的風氣是圈人求人來學傳統文化。好像這東西不值錢才去求人，從而給人造成一個不好的印象：這是洗腦的東西，這是教條。所以就導致很多人反而想逃避這個東西。如果我們真正能認識到傳統文化的價值，那麼我們應該收高費才對的，因為他本身就是最高的智慧嘛！我幹嘛要求你，反過來把他搞得不值錢呢？

　　所以不要看到現在國家在倡導傳統文化，民間很多人不收費也在做傳統文化，其實並不是好現象你發現沒有？很多傳統文化學習班進來不收費，吃住不收費，學完還有禮物送。但是我分析下來，這是在糟踐老祖宗的智慧。問題是這幫搞傳統文化的人只是信仰而實質的東西他們講不清楚，他們真的講不清楚為什麼上天要選擇用中國的文化將來引領全世界。他們只是搞迷信，認為學這個就可以積德，就可以光宗耀祖。而且他們帶著迷信的心去求人來學，他們認為：我多求一個人來學，我就多一份功德。你是為了得功德求人來學，還給人家好處來學，最後你讓人家覺得這東西不值錢。你認為有功德嗎？其實是沒有功德。

　　正確的做法是應該讓人認知到老祖宗的智慧是全世界最高妙的，要花高價才能學到，這樣才會使更多的人來學。其實賺錢不是為了自己享用，因為有信仰的人絕不會沖著錢去，是為了老祖宗的智慧不被人糟踐。所以我們不僅要收費，而且要收高費，但是我們不以收費為目的，你確實很想學，可以做義工來交換，也可以拿東西來抵押，主要看你是否珍惜，你學懂了，東西可以還你，沒學懂就收了。我想我們是應該這樣做的。

第伍講

確立一個符合天道的中心點

阿賴耶識遍混沌

大道開基天地分

生命中心如黑洞

能量周旋內外奔

阿賴耶識遍混沌
大道開基夭地少
生命中也如果洞
能量周旋內外奔

中道中也無量

第壹節

沒有確立中心點的人生好迷茫

在我們知道的很多道理中，有一個最關鍵的道理我們一定要清醒，往往我們吃虧就吃虧在似乎我們都知道，但實際上我們並不知道。我們在座的都喜歡學習，尤其喜歡學習的人恰恰容易在這一點上犯糊塗。似乎自己很努力也很付出，好像自己不僅有願望還有大愛，但是總感覺就差那麼一小點，結果就讓我們吃了不少的苦。而當你明白那一小點之後，你會覺得太冤枉了。你會發現這當中有一個很微妙之處，但是如果對於這微妙之處你無法從心裡真正地感知到，那麼我們世間所有的道理就會形成一種混亂。所以這裡面的關鍵就在於：所有的道理必須有一個中心！就猶如我們人體有一個中心一樣，人體的陰陽、五氣都要圍繞一個中心轉動。

我希望大家一定要去網上搜索一下平衡車的原理。它就是一個陀螺儀轉動形成一個中心，然後這個中心形成它自己獨特的氣場。我們每個人都要有一個中心形成自己獨特的氣場。關於這個氣場，在風水裡面說得好像有點神秘，在易經觀相學裡面都會講到如何觀相，如何透過這個相來預測一個人的未來。它是有一定的規律的，透過這個規律我們就可以預測一個人的人際關係好不好，他與愛人的相處會

105

怎麼樣，他教育的子女會怎麼樣，他與人合作開展事業會怎麼樣，這是有一定的規律的。但是所有這些都是在這個中心點的基礎上派生出來的猶如花朵綻放一樣的表現，所以最關鍵的就是：我們要回歸到我們的中心。

我們做學問也必須有一個中心，你任何知識都可以學，但是必須圍繞一個中心轉動。如果你人生的中心點沒有建立起來，那麼你學的一切知識，就不知道為什麼服務，甚至知識越多會使你越迷茫。比如一個學哲學專業的學生，大學畢業的時候他好像感覺什麼都懂，世間沒有哪一樣不懂的，但是在哲學領域繼續學到研究生的時候就開始糊塗了，他已經分不清楚對和錯，那麼當博士學下來以後他就學傻了，都不會跟人討論哲學了。為什麼？因為你的知識越豐富越廣博那麼你所涵蓋的元素就越多，當你涵蓋的元素越多，但是它們卻沒有一個中心的話，這樣就會形成一個混沌。所以道家講了混沌開基，這不是講宇宙形成初期的狀態，而是講每一個人在沒有形成一個中心之前，我們的人生就會處於一種混沌狀態，所以一旦這個中心點確立，就叫混沌開基，宇宙乾坤從此有序！

當我們人生的中心點一旦確立，你的生命有序，你的人際關係有序，你的家庭有序，你的事業有序。但是這個中心點一旦失去，你就會很迷茫。比如你選一個配偶都不知道怎麼選，到底是胖的好還是瘦的好？胖的那個人有藝術才華，瘦的那個人身材好形象好。這兩者你都喜歡，然後你就會糾結。但凡所有的糾結，所有的迷茫，都來自於我們缺少一個中心的緣故。

很多事情我們都覺得自己是知道的，但是實際上我們知道的都似是而非。如果我們的人生中心沒有確立起來，你學的知識越多，就越會影響你，因為該你決策的時候，你就越會猶豫不定，沒有中心就沒有標準嘛，你怎麼決策？而當你的中心一旦形成，你的任何決策一秒鐘就完成了！當你要找一個工作你不知道如何選擇，當你要找一個伴侶你也不知道如何選擇，這就說明你的人生中心點還沒有形成。中心點一旦形成，你就沒有決策上的煩惱了。

只有當你沒有中心點處於混沌狀態，你才會出現選擇上的兩難、糾結，最後導致晚上失眠。我們很多人都面臨人生選擇的混亂，比如很多大學生畢業後都面臨就業的選擇混亂，其實就是因為人生中心點的丟失。在過去傳統文化裡，其實早在孩子讀書之前，中心點就形成了。讀書幹啥？是為了裝備自己的力量，從而可以更好地表達自己的中心，更好地圍繞中心去綻放自己，書寫自己的人生，所以一個人學習的一切能耐都是圍繞這個中心轉動的。

　　在人生的每個層面都應該有相應的中心點，比如金錢，它也有一個中心點。《西虹市首富》這部電影裡始終在講一個中心點，裡面的很多情節都不重要，但是裡面講到有關金錢為誰服務的問題，這一點非常重要。電影裡面有一個人物叫莊強，這樣的人在生活中隨處可見，喜歡裝腔作勢，本來很弱卻要裝強。我對這樣的人很熟悉，因為我十幾、二十歲的時候就是這樣的人。在莊強的眼裡，金錢代表無盡的欲望，所以莊強的中心就是欲望。金錢為欲望服務，這就是莊強的人生中心。

　　這部電影裡還有一個人物叫劉建南，他貌似一個知識份子，甚至還貌似一個在全國到處宣講傳統文化的老師。目前在中國有很多推廣傳統文化的道德講堂，他們的中心點和劉建南的中心點很相似，他們也講道德，他們也講仁義，但是你會發現他們的中心點不是道德。所以像劉建南這樣貌似有道德，有君子之風，有一定社會地位和人生領悟的人，他的人生中心點也沒找對。在這樣的人眼裡，道德要講，做好人也要講，甚至仁義禮智信都要講，但是如果你並不知道他的中心點是什麼的時候，你會覺得他和你是同路的。為什麼？因為他滿嘴仁義道德！所以你就總覺得他跟你是一夥的。電影裡為什麼給他取名叫劉建南呢？這個諧音是賤男，也叫賤民。賤民並不是沒有知識的人，往往很多有知識，滿嘴仁義，甚至開道德講堂的人，就叫劉賤男。

大家有沒有看到中國有許多道德講堂為什麼沒有發展起來？因為他們都沒有把中心點確立對。我接觸過許多書院、講堂，他們做得舉步維艱，甚至唉聲歎氣：為什麼傳統文化那麼好，卻越做越不行？還有的人學傳統文化做義工，他說我天天都在念阿彌陀佛，天天都在做好事，天天都在宣揚善道，為什麼我還是這麼苦呢？實際上這一類人都是屬於劉賤男這個體系的。這個體系就是：道德只是一種技術，只是一種工具，可以為我的目標服務。所以他們的中心點是目標，如果做好人能實現我的目標，我就去做好人；如果送禮能實現我的目標，我就去送禮；如果我和誰談戀愛有利於實現我的目標，我就和誰談戀愛。你看他表面上真像一個君子，但是你剛開始的時候也分不清他到底是好人還是壞人。

劉賤男的中心和莊強的不一樣，莊強就是欲望而已，而劉賤男是有目標的。在劉賤男眼裡，道德仁義所有一切都是為目標服務的。如果這個問題我們不清醒地反省，我們就會總覺得我們是對的。人怎麼可能沒有目標呢？有目標並沒有錯。電影裡還有一個人物叫王多魚，為什麼他最後成功了呢？因為王多魚雖然不清楚自己的人生目標，但是通過故事的上演，我們慢慢地瞭解到這個人的中心點是愛，愛可以等於道德，仁義，好人品，這才是人生真正的中心點。傳統文化講的做人，這就是人生的中心點。我們的一切都應該圍繞這個做人轉，而不是做人圍繞目標轉！

就差這麼一點點，可是就這麼一點點，我們很多人都看不明白！很多有優良品質的人，能吃苦能耐勞能忍辱的人，一直都在吃這個虧，覺得自己在做好事，怎麼沒有好報呢？就是因為沒有聽明白古聖先賢講的：做人是我們的中心點，道德是我們的中心點，愛是我們的中心點，如果我們能做到一切都圍繞這個中心點轉動就符合天道！兩個人相處圍繞這個中心點轉，和金錢打交道圍繞這個中心點轉，實現人生目標也圍繞這個中心點轉，那麼就會越轉越多，越轉越豐盛，越轉越自在。

　　金錢在漫長的歲月裡已經被我們各種心態的人注入了不同的意涵，什麼有錢能使鬼推磨，什麼金錢是萬能的，所有這些言論都是把金錢本來的面目搞丟了，把金錢到底應該為誰服務搞錯亂了。當我們確立的目標不符合宇宙、不符合天道的時候，我們的才華、能力以及我們做的好事，都沒辦法聚集在一個中心來發揮效用，所以一切都應該有一個中心。

　　因為金錢已經滿含雜質，那麼在以金錢為中心點的推動下，我們的社會產生了變異。今天我們在這個社會上已經很難找到一個合格的男人，男人和男性是兩個不同的概念。我們和動物的區別就在於我們多了一個理智中心，動物有本能中心，也有情感中心，所以動物也有感情，它只是缺少一個運作乾坤的理智中心而已。那麼當我們與動物之間的界限不明確，就代表我們的人生中心是模糊的。今天的社會對男人和男性的概念幾乎都不明確，當我們講男性的時候，他是一種動物屬性，但凡具備本能中心和情感中心的動物都是動物屬性。而人之所以稱為人，它不屬於動物屬性，也不屬於自然屬性，它屬於一種文化屬性，所以才稱為人。一個男人是文化屬性，一個女人也是文化屬性，而一個男性是自然屬性，一個女性也是自然屬性。他們的差異在於文化屬性，而不是動物屬性，也不是自然屬性。在自然屬性這個層面，人和動物是平等的，沒有什麼不一樣。

我們人之所以要產生一個認知自我，為的是與動物劃分界限，這個認識自我本身的認知才能定義你是不是一個合格的人。因為認知範疇屬於文化屬性範疇，所以男人是宇宙乾坤當中的一個文化屬性，一個文化產品。那麼作為一個產品，他有基本的產品指標，比如基本的擔當、勇氣、負責任、講信用。如果這個產品指標不合格卻在市場上流通，這就叫偽劣產品。我們今天的社會到處都是劣質的男人，陰陽不分的男人，啃老的男人，懦弱的男人，沒責任沒擔當的男人。這就是在文化屬性層面，這個男人指標不合格。我們的乾坤之道裡面講的乾坤法則和文化就是一個文化產品的生產工廠，它分別生產不同的產品：從男人系列來講，有男人、丈夫、爸爸、爺爺等；從女人系列來講，有女人、妻子、母親、奶奶等。每一個產品都對應不同的指標，這些指標都合格就稱為正常的五倫秩序。

大家知道我們中國人的文化內涵當中有一個精髓是什麼？就是五倫關係符合天道。但是一旦這些產品都不合格，五倫就亂了。如果男人這種產品不合格，就會影響作為一個爸爸的產品屬性。如果爸爸不合格，他的子女就會受影響。這是一個很深的學問，也是傳統文化之所以要復興的一個神聖的歸宿之處：就是歸正這五倫！沒有任何一個男人願意只經歷一種生命體驗，你只做男性，那就只有欲望。而一旦做男人，那麼就在男性基礎上增加了N種體驗。當哪一天升級成爸爸，你的體驗將更豐富，人格將更完整。這就是靈魂所要經歷、所要體驗、所要尋求的，他要的就是這種豐富多彩的體驗和幸福感。

那麼這五倫都是圍繞一個愛為中心轉動，而愛是有差異的，並不是像某些觀點講的似乎朋友之愛就代表一切了：比如孩子和父母之間是朋友，夫妻之間是朋友，同事之間也是朋友，上司和下級之間還是朋友。這樣的關係就太單調了，這樣的觀點也是很膚淺的，這樣相當於只是活在動物屬性的範疇。如果我們的靈魂是高尚的，如果有天道存在，那麼這個生命遊戲不可能是這麼簡單的玩法，不可能是這麼粗淺的玩法，它一定是一場生命微妙的藝術。所以五倫關係是關於愛的表達藝術，而夫妻之間是一個男人和一個女人之間關於愛的表達應該遵循的天道藝術。男人和女人作為文化屬性有不同的產品特徵，不同的產品特徵會發揮不同的產品功能，不同的產品功能會有不同的人生體驗，因此我們能感受到不同的幸福感以及生命之美。如果這些界限都很模糊，那麼我們的人生體驗就是混沌的。

　　當你成為父親，那麼你會體驗到一個父親的文化屬性和一個兒子的文化屬性這兩者之間圍繞愛互動出來的父子關係。那麼當你成為母親、爺爺、奶奶，他們又有不同的關於愛的表達藝術。正因為有這樣的生命表達藝術的差異和愛的表達藝術的差異，我們才能體會到：我跟妻子在一起和我跟媽媽在一起的愛的味道是不同的，但是他們本質上都是愛。也是正因為我跟父親之間，和跟同事、朋友之間這種文化體現的差異性，才導致我跟父親之間這種愛的體驗有差異性，但是他們的中心點依然是愛。在五倫裡面你就會知道，夫妻之愛是有別於母子之愛、父子之愛的，長幼之愛是有別于朋友之愛、兄弟之愛的，君臣之愛是有別於同事之愛、朋友之愛的，但是他們都是愛。

　　《弟子規》在中國今天幾乎所有的學生都人手一本，但是我們很多人都不知道《弟子規》是幹什麼的，整天教孩子們背也不知道背來幹啥。實際上《弟子規》是關於五倫關係的愛的表達藝術，也可以說是關於愛的操作規則，但是我們今天幾乎很少有傳統文化老師知道這背後的真相。他們只是基於情感所以想要去傳播經典，最後把經典變成教條，變成洗腦，甚至被劉賤男這一類的人利用。

第肆節

中國傳統文化的真正復興還沒有開始，但是一直以來都有人支持，因為很多人在感性當中都覺得我們丟失了一些東西，具體丟了什麼並不清楚。因此當有人提出恢復傳統文化的時候，我們很多人就想這是否是我們丟失的東西，於是在這種不清晰的情況下，我們的傳統文化就開始弘揚了。

我們九和九福教育也在開始理順這些事情，我們的計畫是三年以後再正式向社會推出我們的傳統文化，所以真正的傳統文化也許還在後面。因為這裡面有很多東西都由於錯誤的認知，包括金錢本身也由於錯誤的認知從而給它帶上了很多色彩，賦予了N種內涵。現在很多人都認金錢為老大了，今天你在廟裡就能看到，很多人都不拜佛祖而拜財神爺了。

在這裡給大家講個笑話，有個幼兒園規定，小孩不能在床上撒尿，否則罰款：第一次罰3元錢，第二次5元錢，第三次10元錢。最後一個小朋友站起來問："老師，有沒有包月？"

再講個笑話，老婆對老公說："金錢不是萬能的，金錢買不來時間，你看我都變老了。"老公說："錯，金錢可以買來時間，我在網吧1元錢就能買30分鐘。"老婆一聽，馬上給老公10元錢，"我現在買你在床上5個小時。"

這雖然是笑話，但是它也說明金錢已經

反過來變成我們的主人了，在我們丟失了我們
的中心之後，在我們丟失了我們的文化之後，
最後金錢成為一個最複雜的現象。我曾經想推
出一個關於金錢本質的系列講座，想把金錢的
真相、金錢的本來面目以及它能發揮什麼功能
給人類講清楚，免得人糊裡糊塗地把金錢當作
主人，一輩子圍繞金錢轉動而失去了自我。我
曾經有這個想法，但是目前還沒有實施。

　　你看電影《西虹市首富》裡的那個人物
王多魚，他確實經歷了很多考驗，最後才符合
了考驗的要求，所以確立中心點要符合天道。
當中心點不符合天道，就像電影裡另外一個人
物莊強那樣的人，他的中心點是欲望，那就是
動物屬性，連人都不配。一個人具備男性的特
質但是不一定配稱為男人，男人這個產品在中
國合格的也不多，男人屬陽，易經裡陽有陽的
特質，女人屬陰，陰有陰的特質。這些我在這
裡就不展開講了，我是有一套系統課程來講這
些的，今天只是就這部電影稍微點一下，告訴
大家我們的中心點該怎麼形成。實質上如果這
套學問一旦講出來，在整個文化界包括傳統文
化圈都可能是顛覆三觀的地震，不僅是現在的
西方文化，還有現在中國流行的傳統文化都會
被震撼。能背《弟子規》不代表你懂《弟子
規》，能背《道德經》也不代表你能講《道德
經》，能講《道德經》也不代表你真懂《道德
經》，這就是今天中國傳統文化的真實面貌。

當我們人生的中心點確立錯誤，就像莊強一樣，一遇到金錢的考驗就出賣自己，而王多魚卻能面對多次考驗始終堅守底線。這些考驗無論是遇到金錢出賣自己出賣朋友，或者遇到金錢能堅守底線，還是在讓你失去金錢時你是否能坦然失去，或者你得到金錢後怎麼用，是幫助他人還是滿足自己的欲望等等都是考驗，但是只有在我們的中心點未確立或不清晰的時候才會有考驗這種說法。當一個人很清楚自己的中心點是符合天道的，那麼所有的考驗就都不存在了。那時候就是幸福來敲門了，而不是你去敲幸福的門。因為你符合天道，所以天道開創的一切資源都會圍繞天道認可的中心轉動。

你會發現這個社會上，只要是靠近這個中心點的人，他們的日子都好過，大家注意是靠近哦。你看社會上的那些頂級人物，他們往往都有信仰，很善良。善良本身就是靠近中心點的，這樣的人自然而然的就會人生很順利。當然他們也會有考驗，那是因為他們也沒有確立自己的中心點是什麼，所以就會有考驗來檢測他們是否一遇到考驗就會偏離。而經過反復考驗後，發現他們依然本性善良，那麼最終就會讓他們成就了。這個微妙的界限大家要清楚，並不是你每天在做傳統文化，並不是你每天在講仁義禮智信，你就在與天道相一致的中心上。也許你努力把自己變得很好，實際上是為了你的目標服務的，所以劉賤男這類人在現實當中是很多的。我不希望你們在這裡學了三天的時間只是學到一些知見，只是增加了一些知識、資訊或者平時吹牛用的談資，那樣的話就沒有實質的收穫。

這部電影中在王多魚的最後考驗裡講到利益他人、服務他人，但是服務他人是靠近中心點並不是中心。你會發現只要利他，我們往往就會有朋友有成就。為什麼？因為利他討人喜歡，這樣就有人氣，有人就有福嘛。我們很多人背離中心以後，已經分不清楚我們幹一切事情背後的真正動機是什麼。比如有人問你有什麼願望，你說我的願望是掙到多少多少錢。那麼掙到這麼多錢以後又幹什麼呢？你說掙到錢以後我就可以辭掉工作了，可以過自己喜歡的生活方式了。那麼為什麼想要辭掉工作過自己喜歡的生活方式呢？你說這樣我就有自由啊！那麼追求自由的背後動機又是什麼呢？你說當我終於有一天過上了這樣一種自由自在的生活，我就會很快樂啊！不就是這麼簡單嗎？我們所做的一切最終就是為了快樂服務的！

當我們一開始有目標以後就把初心丟掉了，我們原本是孤獨無聊想找點事情幹、找點快樂而已，最後就變成圍繞目標轉了，這時候目標就成為你的中心，而道德仁義卻反過來成為了工具。如果有上帝的話，上帝肯定很生氣。如果你就是上帝，遇到這種情況你不生氣嗎？你本來確定道德才是中心的，最後他把目標當成中心，而且反過來用你倡導的道德去服務他的中心。如果你是上帝，你會不會氣得咬牙切齒啊？而且你還沒有理由批評他，因為他在踐行你的道德啊，他在按照你講的仁義禮智信在做啊，他每天在做好事啊，他每天在利他啊！那時候你可能會憋死，想罵人都找不到理由罵，但是你知道你被綁架了，你被鑽空子了。你心裡清楚得很，你會生悶氣，一生悶氣就會幹啥呢？懶得跟他講，直接收拾他，會不會是這種心態？所以像劉賤男這類的人開始利用道德的時候，命運就急轉直下，是因為上帝跟他說不清楚了，他天天都在幹上帝倡導的東西，但是上帝卻被氣得要死，於是就發脾氣收拾他。

我們很多人都在減肥，那麼減肥為了啥？為了好看。那麼好看為了啥？為了快樂。因為別人稱讚我好看，我就會感到快樂，你看，一切都是圍繞這個快樂。如果我們很確定我們要的就是快樂，那麼我們回到快樂的原點上來加以設想，你會發現實現快樂的途徑不是單一地掙錢，也不是單一地減肥，也不是單一地辭掉工作，也不是單一地離婚。當你回到這個原點上來，你會發現還有其他N種方案可以到達這個地方。

所以我提出的一個很重要的觀點就是：不用換房子，不用換車子，不用換配偶，不用換工作，什麼都不換就會在原點實現快樂！每個人都有這種在當下就獲得快樂的智慧！為什麼你沒有獲得？因為你已經活在混沌中，你不清楚你要什麼，你以為你要的是金錢，而你現在正在負債，所以你就認為你沒有理由快樂。但是當你能夠清楚那只是服務於我快樂的手段而已，我真正要的是快樂，那麼這時候有沒有另外的可能性？你就會發現我有一萬條理由快樂！你總覺得快樂跟車子房子有關係，跟誰讚美我有關係，但是當你發現快樂跟它們都沒有關係，它們只是實現快樂的N種途徑之一的時候，你會發現你當下就可以創造快樂！所以我們一定要清楚我們一切行為最終的背後動機是什麼。

希望我們每個人在這裡三天的時間都能形成你的人生中心。從身體層面，你的本能中心要激活，激活本能中心會給你帶來身心健康的好處。從心理層面，你的情感中心要始終圍繞愛轉動，圍繞愛這個中心你就符合天道。電影《西虹市首富》裡的那個人物王多魚最後做到了以愛作為最終的取捨標準，實質上是碰巧符合了宇宙的意志。

宇宙中有無數的生命，在經典裡面講佛菩薩的數量猶如三千大千世界碎為微塵的數量那麼多，而人類還不到100億，所以人類在宇宙裡是非主流群體，真正的主流群體是佛菩薩。佛菩薩們只活在一個中心裡，就是愛的中心。他們幹任何事情都是去表達愛：我如何用藝術表達愛，如何用詩詞表達愛，如何用舞蹈表達愛，如何用語言表達愛，如何用行為表達愛……當我們所做的一切都圍繞這個中心就符合天道。

因為宇宙中有無數覺醒的生命，他們從空性裡出來，他們在無始劫的這樣漫長的歲月裡面，發現群體生命共處能帶來生命最受用的東西就是愛！所以當一個人活明白了，他的舉手投足，一切的選擇，都圍繞愛在轉動。那麼這樣的人一樣會去掙錢，一樣會去努力學習，一樣會去獲取成功。為什麼？因為他想掌握更多的技能來表達愛，他想掌握更多的藝術來表達愛，他想掌握更多的金錢來表達愛，這樣就符合天意，這樣他每天所思所做的一切才有含金量，這樣每一剎那都有黃金一般的品質！

　　那麼講到人生的成就，自我的成就，生命是應該有所成就的。因為你越有成就，你對愛的表達就更有力量、更豐富、更高貴、更美好。如果你越沒成就，那麼你對愛的表達就可能會墮落到欲望層面，那就是獸性之愛的表達層面，沒有任何文化可言，沒有任何藝術可言，沒有任何高雅可言。但是人生的成就並不是以金錢數量來衡量的，我們的老祖宗在漫長的人生歲月裡，總結了一個人生成就的基本指標，就叫五福臨門。過去每家每戶的大門上都是掛著這個人生成就的基本指標的，這樣可以隨時提醒我們一切的行為舉止都要圍繞這個指標。這五福當中的每一福都蘊藏陰陽，每一福都蘊藏物質層面和精神層面的成就。

　　你看五福當中的第一福是富貴。富，體現在物質層面是有錢，成就自我得有錢。貴，體現在精神層面是品質高貴而受人尊重。如果你只有錢沒有高貴的品質，你能感受到幸福嗎？僅僅吃飽穿暖是體會不到幸福的，因為幸福是精神品質帶來的，幸福是一種感受，但物質是基礎，吃不飽穿不暖哪裡還有精神享受呢？

　　第二福是康寧，康代表身體層面要健康，寧代表心理層面要健康。身體層面的健康不是說永遠不生病，但最起碼是少生病，有活力。心理層面的健康就是指心靈的安寧平和，心靈的安寧平和本身就是福報的體現。

　　第三福是長壽，那麼長壽這兩個字又是如何體現一陰一陽呢？中國字是很微妙的，因為"長"是多音字，可以念chǎng也可以念zhǎng,所以這個字就包含了陰陽。在念chǎng的時候，代表你實際的生理年齡，活了多少歲。在念zhǎng的時候，代表你活出的品質年齡。什麼意思？比如同樣是活一天，有的人打打麻將，喝點小酒，庸庸碌碌就過了這一天，這是從生理層面講活了一天。而有的人在表達愛，在為他人服務，這樣生活的品質就會高很多。比如你對他人的服務是那個庸庸碌碌的人的十倍，那麼同樣一天，對庸庸碌碌的人來講就只是活了一天，而對你來講就相當於活了十天。因為你這一天活出的品質和價值是那個人的十倍，也就是增長了十倍，所以這時候就應該念zhǎng壽。因為發揮出來的生命價值不同，一個是生理客觀層面的，念長（chǎng）壽；一個是精神主觀層面的，念長（zhǎng）壽。

　　第四福是好德，"好"也是多音字，可以念hǎo也可以念hào；德是一種能量，是一種磁場。你的德行修為的一切都儲存在你身體的磁場裡，這個磁場我們又叫阿賴耶識，它是你生命裡的一個無形的場。這個場裡儲存了一切善惡種子，儲存了你享受正報和依報的一切因素。這個場我們中國人叫德，就是你自己的生命磁場。好的磁場稱為德，就是正能量，不好的磁場就是負能量。所以好（hǎo）德就是好能量、正能量，有愛、有善良、有浩然正氣。

那麼對於好（hào）德，我們應該以什麼樣的態度來對待呢？我們應該喜好和主動追求好能量，所以這時候就要念好（hào）德。當一個人身上有正能量，這就是人生自我成就的指標之一體現出來了。他培育出了自己的正能量的磁場，這是一種成就，是一種好能量，所以稱為好（hào）德。那麼好（hào）德，就是要主動去追求這種成就，主動去追求這種好能量，主動去聚集這種正能量。

你會發現我們老祖宗設定的人生自我成就，從順序上來講是很微妙的。首先是富貴，你得有錢而且受人尊重，光有錢而不受人尊重，這樣活著是沒意思的。接下來就要身心康寧了，如果沒有了健康，就算又有錢又受人尊重也沒意思啊，所以人生自我成就裡面是必須要有康寧的。接下來就是長壽了，就是能多活一些時間，同時活出的品質還要更高，做出的貢獻還要更多，創造的價值還要更大，所以就長（zhǎng）壽了。過去皇帝都叫萬歲，就是他的貢獻度是一般人的千倍萬倍，因此他活出的人生價值就增長了，從而就長（zhǎng）壽了。所以稱呼萬歲就是提醒皇帝要做大貢獻，這不是搞迷信，而是提醒皇帝要為大眾服務，創造更多的價值。那麼我能多活一些時間了，這時候老祖宗又講了，我們每天活著，所受用的一切都是自己的福報，這個福報體現出來的就是德。所以第四福就是好（hào）德，就是說我除了消耗福報，用福報去換取財富、健康等一切受用以外，我還要不斷積聚福報，不斷追求正能量，不斷增加正能量。

第五福是善終。我們前面講了，其實人的真正生命不是肉體，肉體只是一個神經網絡感受器，是我們的精神或者靈魂在這個感受器裡去感受生命的味道而已。所以從這個角度來講，死亡本身並沒有什麼可怕，甚至是好事。就好比你開個爛車，老出故障，這時候給你換個新車，你說是好事還是壞事？這本身是好事，但是很多人車爛了要換新車的時候他不幹，而且所有的子女都在哭。只有莊子搞懂了，他老婆死的時候，他敲鑼打鼓地慶祝，因為他明白真相啊。但是一般人都怕死也不懂，就覺得莊子不地道：你老婆跟你一生的感情，最後她離開了你不傷心，還敲鑼打鼓地慶祝，豈不是無情無義？這就是一般人看待的生死。

這裡講善終，這個終不是死的意思，我們年終總結是不是年死總結啊？沒有這種說法吧。終是一個新的起點，所以壽終正寢就代表我要開始一個新的生命里程了。離開肉身的時候是善終的，就是後繼有人，你的下一代能把你的品質承傳下去，你的事業有接班人繼續發展下去，這些都可以說是善終的。當然善終還有N種指標，由於時間有限，這裡就不展開講了。

人生自我成就是有標準的，那麼這些成就是用什麼來交換的呢？這些成就是用福報來交換的。如果你把所有的福報全部換成錢，你就會丟掉康寧這一福，所以你要根據你的福報多少，在五福當中適當地進行分配，這樣我們的人生成就才是真正的圓滿的成就。這五福都是你享用的福，都是用你創造的福報來交換的。

如果你明白我們人生真正的受用，就是體驗這豐富的愛的味道，就是五倫派生出來的不同的愛的滋味，包括我們在追求事業的過程中，我們和同事、朋友之間互動的愛的味道。如果你知道這才是靈魂要的東西，那麼你就不會把所有的福報都換成金錢了。因為那樣你的感受就太單調了，你整天就成為一個賺錢的機器，那麼其他的味道、愛好就沒有了。所以我們要讓我們的人生過得很豐盛，而不是單一的富足。豐盛要體現在方方面面，豐盛就是圍繞愛這個中心綻放出來的一切豐富多彩，這就是真正意義上的人生的豐盛，而所有脫離愛這個中心的綻放都是背離大道的。

觀
見
靈

識
性
行

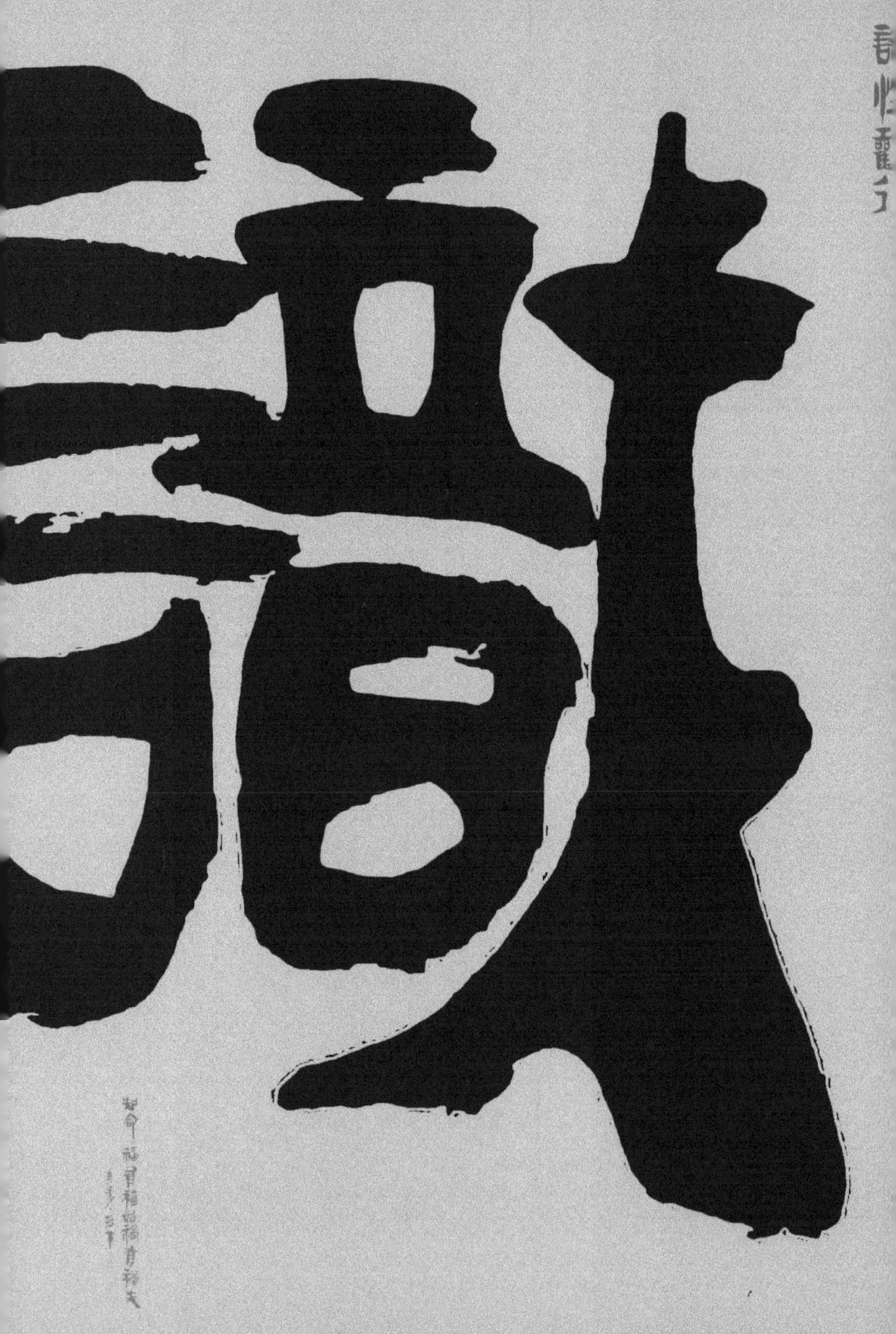
識

第陸講

掌握讓一切圍繞你轉動的心法

真如成就大蒼穹

功德能量蘊其中

豐盛圓滿自受用

縱橫乾坤法界通

真如成就大蒼穹
功德能量蘊其中
丰盛圓滿自受用
縱橫乾坤沛衆逾

心法妙用　無盡藏主

第壹節

錯誤的認知讓我們把生命活成一種包袱

生命原本是無比神奇的存在，我們不能把生命活成一種包袱，但是在我們的生活中卻有不少這樣的案例，本來是很美好、很神奇、很神秘的生命，卻被活成很糟糕的狀態。生命本身沒有問題，是我們自身的認知出問題了。我們很多人對生命本身並沒有一個基本的認識，當然也受到我們整個社會認知體系的誤導，所以才讓我們把一個原本很美好的人生，最後經營得很苦惱。

實質上我們是完全可以在每個當下活出一種精彩，活出一種幸福，活出一種美好，那麼加上我們的智慧，當然也有激情，就可以創造更美好的體驗。經典裡講，我們來到人間一趟，最終是一無所得。因為靈魂不可能帶走車子、房子，什麼都帶不走，靈魂能帶走的就是在這一次人生中所經歷、所感受、所體驗的東西。

金錢本身只是一個代號，原本金錢是愛的奴隸，是服務於愛的。就像電影《西虹市首富》裡的那個人物王多魚一樣，他最終活出了他要的愛，所以最後他反而獲得了金錢。金錢可以代表一千零一件事情，也可以代表八萬四千種幸福美妙的創造，但是我們不能以錯誤的價值觀來使用金錢，否則就會導致我們人生方向的混亂。在經濟學裡面講到金錢只是一種流通工具，所以金錢在流通當中就體現了它的價

用三千大千世界的七寶來行佈施，其功德都不如在某種心法狀態上的一念之能，所以有時候一念都能功德圓滿！這裡面就有玄機，正因為有玄機，這個遊戲玩起來才精彩！

值，那麼金錢流通的背後是什麼呢？它是代表能量的流通。我們平時用的美元、歐元、人民幣等，它們實質上只是個代號，當這個代號與我們背後的能量不等值，那麼這個金錢就會帶來災禍。

我們的老祖宗說：你所擁有的金錢必須和你的能量等值，否則不等值的超出部分歸五家所有。我們講厚德才能載物，物代表你的金錢，德代表你的能量，它們不等值的時候就要流出去。因為天地之間有個平衡法則，它會自動流出去，流出去的途徑在人間的表現就是五家。大家知道是哪五家嗎？首先是官家，莫名其妙的官家就會收你的錢。如果官家沒有合適的理由收你的錢；第二個就是醫家，你會生病把錢交出去；第三個就是賊家，小偷、強盜會把你的東西拿走，所以你丟失東西都不是偶然的；第四個就是災家，莫名其妙的一個災禍來了，財富就沒有了；第五個就是敗家子，就是你會生出敗家子，他會把你的錢敗完。

在我過去的觀念裡面，我原本一直都認為應該有偶然事件的，我不相信每件事情都是必然的，我覺得有些事情可能是在上天的平衡律之外的。我從小不相信有什麼神秘的力量，那時我認為這是迷信，但是我剛好又出生在一個迷信的家庭。我的奶奶、爸爸經常上廟看見佛菩薩的像就拜，我就不拜，覺得就一個石頭在那裡有什麼好拜的。過去我一直都認為，人在世間是完全可以投機取巧的。為什麼能取巧呢？因為我認為，這裡面肯定有不是必然的，如果一切都是必然的，那就無巧可取。我當時認為，這麼大的世界，這麼幾十億人的事情，怎麼可能都是必然的？這麼龐大的一個系統你怎麼管理呢？所以那時候按我的推理，我認為每個人經歷的東西包括該賺多少錢應該是有偶然的情況，運氣好就賺一筆錢，運氣不好就賺不了，甚至運氣本身就是一個說不清楚的東西，那麼運氣可能就不屬於必然的範疇。這就是我過去的認知。

後來我慢慢地經歷多了，自己身上的體會也多了，我的許多親身經歷的案例告訴我，就連小偷拿走我們的東西，這樣的事情都不是偶然的。既然不是偶然而是必然的話，那麼還要警察幹什麼呢？後來我想明白了，一定要有警察。因為在人世間是各種各樣的遊戲圍繞一個中心在轉動，那麼小偷和警察是一陰一陽，剛好形成一個組合關係可以玩遊戲。醫生和病人也是一個組合關係，可以組合起來玩遊戲。為什麼叫玩遊戲呢？因為醫生根本就治不了病，千真萬確治不了，但是又貌似可以治病，這就是玩的遊戲。其實今天醫生這個群體的患病率比普通大眾高，他們是治不了病的。我們老祖宗早就講過，醫生只能治假病，治不了真病。

那麼為什麼要弄個假病來治呢？就是這個組合關係要了結因緣。因為我們在無量的歷史裡面，如果有輪回的話，靈魂和靈魂相互之間在迷的時候，就會有我欠你、你欠我這種現象。那麼通過這樣的組合關係，就可以了結彼此的債務等各種因緣。比如我以前欠你的，我現在生病來還你。所以中西醫都只能治假病，都治不了真病。而且按我的研究，病根本就不存在，但是這個不屬於我們本次講座的主題範圍。我另外有專門講病的課程，我們有九大課程體系，其中一個叫九療體系，就是講病的。所有這些道理都是我自己親自印證和感悟的，我這個人非常務實，非常強調實幹，但凡是我搞明白的事情，我就一定會以非常清晰的方式表達出來。

第貳節

我從2013年開始接觸傳統文化，第一次知道了中國有非常厲害的經典。當時我在深圳學習傳統文化接觸的第一本經典就是《了凡四訓》，讀完後感到非常震撼，覺得我們老祖宗太牛逼了，這麼厲害的經典都有。我在那裡非常認真地學了五天，是國內一位名氣還不小的老師講的《了凡四訓》的課程，我就是在那一次聽完課以後開始講課的。因為我跟主辦方說，這本經典的意思好像這位老師還沒有講全，然後他們請我也分享一下，於是我就分享了。結果他們聽完後都很吃驚，因為他們專門辦這位老師的課都已經辦了很多年了，但是我講的東西他們從來沒有聽過，於是就要求我在他們的講堂講《了凡四訓》。

為什麼我以前讀書不行，後來卻莫名其妙地能講經典了呢？我記得我第一次講經典的時候，裡面有很多字我是不認識的。我講了《了凡四訓》兩三次之後都沒有把裡面的字認全，但是沒有一個人質疑我講錯了。後來又有很多修行人請我講《心經》，我花了36天講完了，也是講出了對《心經》的解讀在這個世界上唯一的版本。這就是我在本次講座的第一天告訴大家的，我身上發生的事情不屬於知識領域，而是屬於另外一個叫智慧領域，在智慧領域你可以隨意去創造任何知識，包括藝術。

　　我不用思考，只花了三年的時間，就開發了九大課程體系，同時原創了三千多幅書法作品，還有六本詩集。我以前從來沒有學過書法，我有一個堂哥告訴我，書法的基本功橫豎撇捺沒有三年是不行的。當時我沒有那麼多時間，因為我同時還要開發課程，但是我心裡有另外的領域卻給了我很踏實的感覺。然而我的頭腦還是想要做一些準備，於是我買了很多草稿紙。結果只寫了十分之一不到，我就已經很有感覺了，很容易就寫出了一幅又一幅的作品，只是怎麼蓋章不清楚。很多是我本來隨意寫在草稿紙上的，但是都被很多人拿去裝裱收藏，因為他們太喜歡了，從那時候開始草稿紙都全部變成作品了。

　　這個就叫智慧領域，是超越我們的知識領域的。在知識領域裡，你有很多事情可能挖空心思都想不明白，而且感到很累。但是在智慧領域裡回過頭來看，世間的事物就很容易看明白、看透徹。正因為非常透徹，所以回過頭來講那些經典的時候，我雖然有些字不認識，但是背後的意思我都是知道的。

　　我們每一個人身上的奧秘並不是極少數的天才所專屬的，其實幾千年前釋迦牟尼等這些開悟的大師們早就說了，這個奧秘人人本具。為什麼人人本具我們卻又活得這麼無能、無助、迷茫呢？就是因為我們迷信這些錯誤的知見所導致的，尤其在金錢上捆綁了很多人類錯誤的認知，已經不知道金錢是幹啥的了，最後變成所有的人都圍著它轉，從而成為了欲望、金錢的奴隸，由此我們原本很莊嚴神聖的生命就一下子活得非常卑微。

　　所以傳統文化真正要解決的就是告訴我們真相，讓我們每一個人在當下就活出快樂。金錢、名譽、地位等等都只是在快樂基礎上的錦上添花而已。快樂應該成為我們的本色，而不應該是經由向外尋找得來的，也不應該是經由什麼東西交換得來的。快樂應該就是我們生而本有、本具、本來就應該享有的。失去快樂就像這個斷電一樣，一瞬間就丟掉了，它不是一個緩慢失去的過程。當我們迷失方向的那一瞬間，快樂就丟掉了。所以傳統文化裡面有一句話叫：一念覺一念迷，一念覺你就是佛，一念迷你就是眾生，所以就只是一念而已。還有一句話說：眾生是未開悟的佛，佛是開悟的眾生。這就是活明白了嘛。

有句話是這樣說的：金錢能讓你買到一條最好的狗，但是只有愛才能讓它搖尾巴。金錢可以買到很多東西，但是能否讓你感受到真正的幸福就是另外一回事了。實際上人的欲望本身並沒有什麼問題，我們的本能中心就是欲望交匯的中心，欲望本身是一種能量，重要的是我們要把欲望昇華成為愛。如果我們不把欲望昇華成為愛的話，再多的能量我們都只能在很膚淺的層次上使用。

對待我們的人生也一樣，如果我們不把欲望昇華成為愛的話，我們擁有再多的金錢實際上也可能找不到滿足感，因為我們的靈魂只有愛才能餵飽他。當你雖然有很多金錢但是卻沒有愛的時候，那麼靈魂是始終處於饑渴狀態的，靈魂的饑渴狀態表現出來就是孤獨寂寞。我們有沒有體會過這種孤獨寂寞呢？如果靈魂吃飽了愛，就算你一個人獨處，也不會感到孤獨。如果靈魂沒有被餵飽，就算你在人群中，也一樣會感到寂寞。所以孤獨寂寞跟是否有人陪你沒有關係，沒有愛的人生是永遠得不到滿足的。

雖然對於靈魂來講，我們一致需要的都是愛，但是靈魂可以去創造豐富的愛的表達形式來滿足自己。在這種前題下，金錢的功能就體現出來了，我們可以借助它的力量使愛的表達顯得更加的豐滿，更加的多姿多彩。所以金錢與我們追求的目標實質上也不矛盾，只不過我們不能把金錢作為我們人生的終極追求。我們人生的終極追求是不能偏離的，我們的每一個當下都不能偏離愛的中心，一旦偏離這個愛的中心，我們表達的一切都會扭曲、變味。

所以一個人試圖擁有很多金錢，如果不是基於愛的表達，那麼就只有一種情況：就是他的內心一定非常匱乏。內心越匱乏的人就越想佔有更多的金錢，但金錢是佔有不了的，因為超出與你的能量對等的部分會被五家拿走。

所以金錢本身是能量的代號，它可以成就一些事情，但不是所有事情。實質上我們要真正儲備的能量就是德。有一種人叫渾厚而通達之人，會觀相的人可以看到他的能量場很渾厚。什麼樣的人才會能量場渾厚呢？心胸越大、越為他人著想的人，他的能量場越渾厚。我們的能量場是養我們的身體的，他叫阿賴耶識，就像一個小池子。我們的身體就像一條魚，就養在我們自己的小池子裡。我們從小池子裡吸收營養來供給身體享受，在佛經裡有非常詳細地講解小池子的功能。我們的身體就泡在小池子裡，我們移動的時候小池子就跟著我們移動。那麼如果我們的心量小，這個池子就小。如果一個人太挑剔、太狹隘、太刁鑽，那麼他就會有很多標準，相當於在他這個小池子的外面加了很多過濾網。

外面的空間是我們共享的，我們每一個人的能量場都有交匯的情況。當我們心量一小，我們跟人接觸的時候就會有一個防火牆，從而把那些我們不認可的人阻擋在外面，那麼我們的能量場就會很稀薄。當我們心量一大，能容納各種各樣的人，那麼每一個人的能量場就都會和我的能量場重疊，那麼一下子我的能量場就會變得很渾厚。渾就是各種元素都有，厚就是厚實。過去看相的人就說：渾厚而通達之人必定是大才。為什麼呢？因為他包容的人多，大家自然都認他做老大，這就能幹成事。所以當一個人心量越大，越能容人，他的能量場就越渾厚。那麼就有更多人的能量與他重疊，就有更多的人會跟他交心，這樣他就會獲得更多人的支持。所以這就是一個我們自身的風水也好，能量場也好，我們自身怎麼樣去打造的問題。

　　我們的本能中心在欲望層面，我們首先需要把情感中心激活，只有把情感中心激活，我們才能把本能中心的欲望轉化成愛。所以過去修行領域裡打坐實修就是為了激活能量中心，包括聖經裡面講的祈禱，雙手合十，這些功課和動作都是為了激活情感中心。我們的三大能量中心，包括本能中心、情感中心、理智中心，其中情感中心在中間，那就代表本能中心和理智中心都要以它為中心。所以在個體、家庭、社會事業、乾坤的運作當中，我們要把這三大能量中心的功能充分發揮好。

　　在我們身體這個範圍，也就是道家講的內乾坤這個範圍，我們要把本能中心激活。如果大家能學會打坐，那是有利於健康的。如果每天都能堅持一個小時的打坐，這樣的人你們可以去調查，他們生病的幾率很少。像我們這樣長期打坐的人，基本上沒權利生病。我自己確實親身印證了，我從小身體很差，但是自從開始打坐修行以後，我就再也沒有生過病。所以這充分證明人類是可以不生病的，因為我們的本能中心可以平衡生病的原因即陰陽失調，當陰陽能夠自動平衡，生病的原因就消失了。

　　生病是果，陰陽失調是因，只要把因找到，把因解決了，果就沒有了，那麼打坐是有利於本能中心恢復陰陽平衡的。為什麼叫恢復呢？就是本能中心本來就有一個自動平衡的機制，但是當我們過於執著我們的想法、人生目標時，我們就干預了它的平衡。就像我們搓掌，如果思想不干預，搓起來就會很輕鬆，實際上搓掌同樣是有利於達成能量平衡的。這裡有一個標準，如果你搓掌一個小時還是感覺很輕鬆，那就說明你的身體已經找到那個平衡點了。我們知道手掌上有很多穴位，搓掌就相當於按摩了，這肯定是有好處的！我覺得只要是有好處的事情大家都可以幹。

情感中心解決的是家庭和感情的能量平衡問題，家庭成員之間能量的平衡點就在情感上進行平衡，家庭能量平衡自然就家和萬事興。因為家一和，所有的能量都用在發家致富上了，家就興旺起來了。如果家不和，能量是內耗的，家就不可能興旺。

理智中心的平衡是事務性的平衡，人際關係的平衡。如果你是帶團隊的，你就要研究你將如何成為你團隊裡面所有不同想法的人之間的平衡點，這是一門領導的藝術。所以你看一個國家的領導人需要平衡各種政治派別，過去皇帝在朝廷裡面的正反兩種力量當中居於平衡點，一旦哪天平衡被打亂，國家就亂了。但是皇帝又不能把反對他的力量全殺了，這樣會嚴重失衡。所以他會把反對他的人留著又不能讓其失衡，這樣正反兩種力量都在他這個點上交匯。那麼當有這種正反或者陰陽的差異，就會出現能量流動，只有在能量的流動當中才會出現乾坤的繁衍。所以能量處於絕對平衡狀態

並不是宇宙的本意，絕對平衡狀態不會發揮任
何作用。

　　大家知道電是怎麼產生的嗎？它是正負
電荷分離後重新擁抱釋放出來的能量。在原子
裡面，正電荷和負電荷就像一對很安靜的夫妻
處於絕對平衡狀態，是穩定的狀態，這個時候
它沒有任何功能可以發揮。所以我們就要用導
體不斷切割磁力線強制打破它們的平衡，讓它
們分離。它們本來像夫妻一樣享受平衡穩定，
所以一旦失衡後它們就會孤獨寂寞，就會主動
尋求再平衡，就是這種想要尋求再平衡的動力
推動了整個乾坤的運作，這就是妙用！我們知
道，電力線路從發電廠牽到千家萬戶，我們家
裡的電燈、電視、洗衣機需要用電的時候，只
要把電器開關一閉合，相當於搭了一個鵲橋讓
它們兩夫妻再次相聚，就在它們擁抱的一瞬
間，能量釋放了，這種做功就利益了我們人
類。這是乾坤運作的原理。

　　作為一個領導，你要懂得把握各種力量
之間的相對平衡，而不是絕對平衡。如果是相
對平衡，你的團隊就會特別有生機；但如果是
絕對平衡，團隊就會失去活力。這是一門領導
藝術，是理智中心要去研究的藝術，這不是站
在正方和反方，而是站在第三方，第三方不是
中立方。我們看過太極圖，一邊陰一邊陽，陰
中有陽，陽中有陰。它有一個第三面在哪裡？
就是陰陽外圍的這個圈，這就是超越陰和陽的

第三面，就是這第三面的存在讓陰陽永遠抱在一起轉動。所以團隊領導人永遠不要問誰對誰錯，你要永遠問在對錯這兩個面之間的第三面是什麼。如果找到了這個第三面，你就找到了成功統籌正反兩面的力量。你永遠要處於第三面，而不是處於所謂的中間點，這裡面的微妙需要我們慢慢體會。

第伍節

儒家提供給我們的心法叫溫良恭儉讓，這是內修心法，還有一個外用心法，叫仁義禮智信。溫良恭儉讓是修養一種能聚合能量的品質，然後修了還要用，中國傳統文化是一定內修和外用都要講的，光修不用就是傻瓜。我們講內聖外王也是這個道理，就是修內聖之功並要展示出來成為王者。所以內修只要按照溫良恭儉讓去操作，去調適自己的心態，那麼你就一定會慢慢地形成一種聚集能量的品質，就會有人主動喜歡你，並會自然而然地產生一種效應：就是人家因為太喜歡你了，於是就會想方設法通過各種方式表達出來，比如給你錢，給你買衣服，給你買好吃的，帶你到處玩等等。當你修出一種讓人們都喜歡你的內在品質的時候，就會發生這種事情叫不求自得。

傳統文化裡面講一個人的狀態有這樣三種不同的境界，第一種是求而不得，這是人生八苦中的一種苦，叫求不得苦，就是你求的東西求不到，這很煩惱啊。第二種是有求必應，只要去求就有應。《了凡四訓》裡面就講了有求必應的境界，並教了我們怎麼樣做才能有求必應。但是我受用的是無求而自得，我連求的心都難得起，我沒有工作很久了，沒有為社會做出多少貢獻，但是我應該比很多中產者甚至大富豪還要活得舒服自在。但是我所有的這些受用，我從未求過，這一點我身邊的小夥伴可以見證。疫情期間很多人沒有錢，我恰恰在疫情期間錢最多。為什麼？當你把自己的品質提升到人們見你就喜歡，這種事情就會發生，他們就會主動找你。

很多人喜歡到處攀緣，去爭去求去折騰，最後搞得疲憊不堪，而這麼輕鬆的途徑卻不願意去鑽研。我掌握這個奧秘也不是生而有之的，我曾經也是很苦很迷茫的。只不過因為一個特殊的因緣，我接觸到了傳統文化裡面的高人，他們告訴了我有這樣一種可以運作生命的途徑。後來我就去實踐這種途徑，最後實踐下來證明是成功的。那麼我才把我實踐成功的這些東西總結成道理來講給你們，所以我講的很多東西書本上是沒有的。

其實我們的古人早就探索出讓一切圍繞你轉動的心法，為啥不用呢？它就是儒家提出的內聖外王的心法，內修就是溫良恭儉讓，外用就是仁義禮智信。仁，人旁一個二，代表兩個人，只要兩個人在一起就要考慮對方的感受和需要對不對？你會考慮他，他就會感動。如果你只考慮自己，他知道你太自私，就會防著你。所以多為別人考慮不是吃虧，而是聚集能量、增加能量，因為你得人心才能調動能量、驅動能量。

義，是團隊領導人必修的外用法。《三國演義》裡面那些帶團隊的都很仗義對不對？

只要你帶團隊，必定要講義。一個不講道義，不仗義的領導人，不可能有人會圍著他轉。因為人家圍著你轉就是你的能量，不圍著你轉你就沒能量，你就是想找人幫你拎個東西都找不到人，所以你說義有多重要？《三國演義》講了乾坤運作之法，它裡面重點強調的就是義，看誰有義就把天下給誰，就是這樣。

普京捨身取義救恩師的故事大家有聽說過嗎？我可以簡單講一下。當年普京在俄羅斯總統葉利欽手下任職，而普京的老師因為政治立場不同，影響力又很大，因此成為了葉利欽的政敵，而政治是沒有感情的，所以葉利欽把普京的老師抓了起來準備判刑。就在判刑前夕，普京提前租好了一架飛機，然後一身功夫的他沖到關押他老師的地方，悄悄地將幾名看守人員制服了，最後接了他老師送上飛機去法國避難了。這個就不是一般的罪了，因為牽涉的是你死我活的政治鬥爭。所以在機場送別時，老師讓他一起走，但是他不走，說這個事由他自己來承擔。老師說：你回去就死定了啊！但是普京卻分得很清楚：我救老師是報恩，但是因此違反了法律我得承擔責任！普京在做這件事之前，就已經準備好葉利欽會以叛國罪判處自己極刑，所以第二天上午，他來到葉利欽的辦公室請罪。葉利欽問他為什麼要這樣做，普京說："因為老師有恩于我"。當時葉利欽就感動得掉淚了，因為在殘酷的政治鬥爭裡，有情有義的人實在太少了。就是從這一刻起，葉利欽已經決定把普京作為自己將來總統的接班人了，所以一切就是因為一個"義"字！

《三國演義》為什麼用了很多篇章來演這個義呢？就是在乾坤運作裡面，義非常重要，要幹大事、要帶團隊沒有義根本不可能。沒有義，兄弟們為什麼要替你賣命？光有錢能行嗎？所以你帶團隊的話，這個義就太重要了。《三國演義》中第一個出頭的是曹操，他顯得很有義，他刺殺董卓為天下人伸張正義，所以剛開始天意原本是選擇曹操的。但是後來曹操誤殺了自己的朋友以後，不但沒有反省，反而後來更加狂妄。於是老天就放棄他了，又選擇了愛民的劉備。把劉備扶持起來三分天下以後，發現他只有小義沒有大義，就又放棄了劉備，最後選擇了司馬家族。所以你看《三國演義》只要看懂了，就會明白上天的意圖。

大事一定是交給有情有義的人去掌握的，因為你使用的是公財，即大眾之財，而不是使用你個人的福報。你個人的福報只是你個人受用的，但是團隊要成就一番大的事業，就要用到大家的財叫公財。大家要把他們的財富交給你來統一支配和調動，那麼你就得有義，你就得對團隊負責任，所以你才會正確地使用團隊裡每一個人的財富，所以每一個人都會放心地把自己的福報交給你來統一為他們規劃。

一個家庭也是一樣，三口之家共同的福報集中起來交給母親或父親去運作。所以古時候妻子基本上不去外面工作，她就是把她的福報交給丈夫去外面謀生，然後賺錢回來養活一家人，這就叫共業。有共業的人才成為一個家庭，有共業的人才成為一個團隊。業，在傳統文化裡面稱為能量，有正能量和負能量。所以能成為一個團隊的人，都不知道是哪輩子曾經一夥幹過啥事的一幫人，那都是共業群體，所以才會又聚集在一起。如果團隊領導人有義，大家在一起幹事情，心裡才會感到踏實、痛快。

第三個是禮，就是展現出來的一套文明優雅的表現，跟人打交道有禮有節，從而讓人感覺很舒服，給人留下深刻的印象。尤其在做生意上就很講究這個禮儀，比如打聽對方的風俗信仰，不去觸動對方心裡的忌諱之點，這就是禮上要講究的。這樣談合作的時候對方就會感到很受你的尊重，禮說白了就是尊重人，不僅僅是心裡面尊重人，你在言談舉止上也需要表現出來。所以在這個外用心法裡面，禮也很重要。

第四個是智，智慧，帶團隊不僅要講感情還要講智慧。只有感情是不行的，但是只有智慧沒有感情也是不行的，雖然人家覺得你做什麼事都很有規矩很有章法，但是卻會給人冷冰冰的感覺，所以這樣帶團隊也不太理想。

最後一個是信，信用的信。過去很多人曾經什麼都不管，把信用都透支光了。今天有國家干預，強制性地進行信用干預，因此現在我們還能夠勉強受益于信用的待遇。但是過去在國家干預之前，很多生意人都不講信用啊，一旦把信用糟蹋完了，受害的其實是所有商家啊，所以一定要講信用，就是一定要說到做到。過去有句話叫：輕諾必寡信。有些帶團隊的人為了激勵大家就隨便許諾：這件事情幹好了獎勵一套房，那個目標達成了獎勵一輛車。最後都沒有兌現，因為他也不想做虧本生意啊，但是話又說出去了，這樣就是不守信用。所以隨便承諾別人的人，基本上很難守信用。你不帶團隊還無所謂，但是如果你是帶團隊的人，那麼承諾了什麼就必須兌現，哪怕吃虧也是長記性嘛。

所以"仁義禮智信"這個外用心法很科學吧？加上"溫良恭儉讓"這個內修心法，儒家講的這十個字，是不是比獲得諾貝爾獎的任何成果都要有意義得多？所以老祖宗的東西確實是很厲害的，幾句話就把所有的中心點說到位了。我們發現很多道理悟性差的人可能要聽很多次才明白，而悟性好的人可能聽一次就掌握了。雖然今天所有的人都和金錢產生了交集，但是金錢本身不是我們的敵人，同時我們要清楚金錢也不是我們的主人，不能為了金錢出賣仁義、出賣信用、出賣尊嚴。

仁義禮智信是外用心法，是展現在外在的表現。如果我們一生都能把這個外用心法很到位地執行下去，你的人生會出現走投無路的情況嗎？不管在什麼樣的環境下，你都不可能走投無路，就算所有的人沒路走你都有路走。你自己分析一下是不是這個道理：如果我們通過考察發現我們周圍哪個人具備“仁義禮智信”這五大特徵的話，我們都會主動靠近他，把心交給他的。對吧？如果有人本質上不是這樣的人，而只是利用道德名義等等來達成他個人的目標，那也只能夠暫時欺騙得了你，但是時間稍微久一點就曝光了。

　　這個乾坤運作之法是上天一直都在捍衛的，天道、正法永遠都是主題。大家相信嗎？哪怕一個社會很亂，出現了很多貪官污吏、不講道義的人，但是你要相信正義永遠都是最主流。所以無論在任何情況下，只要你站在正義這一方，你都不會吃虧，因為這是天法。我記得在之前好像貪污腐化很嚴重的一段時間裡，有人抱怨政府不行，有人抱怨天道無存，當時我聽了之後就覺得好笑。我說從來沒有哪個時候這個正義、正法、天道有這麼強過，你看現在有正國級的大官都坐牢了，是什麼力量才能讓這樣的大官也坐牢？而且貪污犯在開始貪污之前，有沒有向你宣稱現在他準備貪污了，然後就貪污到了呢？小偷、騙子在作案之前，有沒有向你宣稱他現在準備要偷你、要騙你了，然後就偷到、騙到了呢？沒有吧！

　　他們能幹成壞事都是打了正義的名號才幹成的，連幹壞事他們都必須打正義的名號才能成功，你說正義強不強？！正義要強到什麼程度，連壞人都必須打它的名號才能幹成壞事呢？！所以你要相信天道永遠是正的，正到想幹壞事的人都必須冒他的名，因為冒他的名管用啊！是不是？所以壞人成功不是因為他那個行為成功，是因為我們對正義的信任使他成功了。所以他成功不是他的本事，是他借用了正義之名才鑽了這個空子。而且他遲早會被法辦的，因為正義太強大了。

過去有句話：君子樂得做君子，小人冤枉做小人。這裡面講到了一個天道法則，就是一切都與你的福報有關聯。小偷能偷到東西也是因為他有那個福報，沒有那個福報他也偷不到，的確是這樣的。因為我們在人世間玩這個生命遊戲是以福報為遊戲幣，根據你遊戲幣的多少，你就會被分配到社會不同的平臺上來玩你的生命遊戲。這跟你的能力沒有關係，但是能力也是重要的。比如一個人的遊戲幣很少，他只能被分配到一個村莊裡玩遊戲，當一個村長。但是他的能力很強，他照樣可以把這個村管理得井井有條，甚至比一個省長都管理得好。他只是遊戲幣沒有人家那麼多，所以沒有被分配到那麼高的平臺而已。但是單就能力本身而言他是很強的，所以他在村莊裡照樣可以書寫自己很精彩的人生。

如果一個人有足夠的智慧，他在任何平臺都會玩得很精彩，這就是智慧的妙用。所以玩這個遊戲是以福報為遊戲幣來做交換，以智慧來展現你生命的風采。歷史上有些帝王福報很大，但卻是昏君，給他那麼大的平臺玩遊戲卻玩得很糟糕。人生遊戲就是這麼玩的，你有大的福報就在大的平臺玩，至於玩得好不好，賺錢還是虧本，那就要看智慧了。如果沒有智慧，不會玩，可能把福報幾下子就玩完了，甚至還造業了。而會玩的、懂得天道法則的人卻越玩越富足，越玩福報越大。

這個遊戲的絕對公平之處就在於你在人

世間得到的任何東西都必須用你的福報交換，就是說你的福報有多少就會給你多少。過去有句話叫"命中只有八斗米，走遍天下不滿升"，不管你走到哪裡，你的福報有多少就會給你多少。不是你換平臺了你的受用就增加了，不會的。如果換平臺你的受用增加了，那麼就會把超出你福報的部分平衡出去，乾坤裡有很多平衡手段會把超出你福報的部分卷走。

人生的精彩就在於不同的智慧在不同的平臺上就會有不同的人生展示出來。為什麼說小人冤枉做小人呢？他可以通過正當打工賺錢，也可以通過非法手段賺錢，最終能賺到多少錢一定是跟他的福報對等的。如果採用了非法手段就會坐牢，可最終得到的又是自己本身應有的受用，所以明理後就會發現小人實在是冤枉做了小人。為什麼說君子樂得做君子呢？君子知道這個法則，所以不會做任何違法的事情，最終該他有的都會有，因為一切受用都跟福報有關係啊，所以他當然樂得做君子啦。行善積德是過去老祖宗作為家傳的祖訓，而到了現在新時代傳統文化斷了，很多家庭就不講這個了，所以現在需要重新找回來。

我們要知道天地之間是有法的，我們要永遠相信天地之間是有法的。如果沒有法，那個花為什麼永遠這樣長？那個鳥為什麼永遠是這種鳥？那個魚為什麼永遠是這種魚？後來科學家發現了這是基因導致的，因為科學家發現了這個規律就給它起名字叫基因，但是在科學家還沒有發現基因，還沒有給它起名字之前，這個規律、法則在宇宙中多少億萬年前就存在了。它並不是因為科學家發現了它，它才有的，而是在多少億萬年前早就存在的。所以我們永遠要相信天地之間是有法則存在的，天地之間始終是根據法則在玩遊戲的，誰都在法則當中，沒有誰能在法則之外。

還有一句話叫"舉頭三尺有神明"，實際上"舉頭三尺"這種說法還是不夠究竟，這個神明應該是無所不在的。你只要建立了這樣的認知，對你一生都是有好處的。無論你是一個人獨處還是跟很多人在一起，無論你幹什麼，你都要知道舉頭三尺有神明，到處都有無形的眼睛在看著你，你就自然會規範很多。就像我們去超市，看到牌子上寫著：本超市有攝像頭。你看你會隨便拿嗎？就是這個道理。當你知道舉頭三尺有神明，這樣就會讓你本本分分地去修正能量，所以一切的投機取巧都沒有用，因為你能受用多少，都是跟你的福報多少相關聯的。

比如兩個人有相同的福報，都有100萬，其中一個人貸款買了部150萬的豪車，結果還倒欠了50萬，這也是一種人生。而另外一個人呢，他就有規劃，拿多少萬買部普通的車子，拿多少萬學習，拿多少萬美化生活，拿多少萬做好事。這兩個人福報相同，但智慧不同，所以人生走向也不同。有智慧的人懂得以財發身，拿錢做好事，就是財佈施，讓財富生利，最後以福報形式又回來了，這樣就沒有消耗。《了凡四訓》裡面講了不同層面的佈施的心法，同樣的佈施但是不同的心法，所收穫的福報的量是不同的。有的心法可以一善抵萬善，就是做一件善事相當於做了一萬件善事。我們經典裡面有關於怎麼樣讓財生財，也就是福報生福報的心法，你要知道我們老祖宗最厲害的地方就是玩心法。一切你都要去研究心法，就包括做好事怎樣積的德最多，這裡面都有心法。有佈施一元錢得一元錢的福，也有佈施一元錢得一萬元錢的福，還有佈施一元錢得無量億的福，一切都是心法。

這就是為什麼傳統文化把心法看得很重，其微妙就在於心法與天道之間的相契合的變化。經典裡面講用三千大千世界的七寶來行佈施，其功德都不如在某種心法狀態上的一念之能，所以有時候一念都能功德圓滿！這裡面就有玄機，正因為有玄機，這個遊戲玩起來才精彩。這是天道遊戲，不是那麼簡單的，天道遊戲很神秘！如果你們能跟蹤我們的課程，這些道理我們會在以後的課程當中每次都講一些。雖然我每次講課很想把很多東西都一股腦給大家講出來，但是每次都好像只能講到這麼多，因為還得考慮到不同人的不同境界，所以需要照顧到不同人的接受程度。

　　正因為有這些差異的原因，我才會把我們的系列課程之一《九行運命》分成九次來講。在這九次當中，我會把我自己人生當中領悟的非常微妙的東西講出來，給到所有想要學習、想要成長、想要把握的人，從而能夠真正掌握這個奧秘。只有掌握了這個奧秘，我們才能夠真正玩出大自在的幸福人生！

Lightning Source UK Ltd.
Milton Keynes UK
UKHW050918190722
406057UK00006B/80